lonely planet

DE CERCA NUEVA ORLEANS

Regis St Louis

Arriba: cocina cajún y criolla.
Abajo: Desfile de la Second Line (p. 144).

Sumario

Puesta a punto 4

Explora Nueva Orleans 35

Guía práctica 153

DESDE IZDA.: JULIA-BOGDANOVA/SHUTTERSTOCK, SUZANNE C. GRIM/SHUTTERSTOCK

★ Imprescindible

El viaje empieza aquí

La fragancia de los jazmines es algo que, en mi interior, evoca ineludiblemente a Nueva Orleans. Cada primavera, la profusión casi abrumadora de estas florecillas blancas perfuma sus barrios, una demostración perfecta del exceso sin ambages inherente a la ciudad. Su pasión por la comida, la bebida y la fiesta no conoce límites. Aquí, animadas bandas amenizan tanto la noche y el Mardi Gras como encuentros de fútbol americano, fiestas callejeras, funerales y desfiles. Esta maravillosa alegría de vivir es lo que me llevó a Nueva Orleans hace más de una década, y lo cierto es que ya no concibo vivir en otro lugar.

Regis St Louis

@regisstlouis

Gran conocedor de Nueva Orleans y muchos otros destinos, Regis ha colaborado en más de un centenar de títulos de Lonely Planet.

Calle residencial del Barrio Francés (p. 37).

ROBERT HARDING VIDEO/SHUTTERSTOCK

811

LO MEJOR

Música en directo

La música constituye un aspecto fundamental en la vida de Nueva Orleans y, de hecho, existen calles consagradas íntegramente a acoger actuaciones, además de locales emblemáticos en rincones más retirados del centro.

Ver a maestros del *jazz* interpretar embriagadores ritmos en **Preservation Hall,** una entrañable sala del Barrio Francés que mantiene viva la tradición. (p. 47)

Sentir la tarima crujir durante un apasionante concierto de la TBC Brass Band en **Maple Leaf.** (p. 117; foto)

Escuchar a grupos locales legendarios (Soul Rebels, Radiators...), más algún que otro intérprete cajún, en **Tipitina's.** (p. 118)

Recorrer los clubes que bordean **Frenchmen Street,** empapándose del ambiente de bares como **d.b.a., Spotted Cat** o **Blue Nile.** (p. 60)

Pedir una botella de vino y deleitarse con los artistas que ocupan el escenario trasero del **Bacchanal.** (p. 64)

Tomarse un demoledor *hurricane* ("huracán") mientras se asiste a un duelo de pianistas en **Pat O'Brien's,** en Bourbon Street. (p. 50; foto dcha.)

Dcha.: Bacchanal (p. 64).

DESDE IZDA.: WILLIAM A. MORGAN/SHUTTERSTOCKT, ANDRIY BLOKHIN/SHUTTERSTOCK, KRIS DAVIDSON/LONELY PLANET

LO MEJOR

Cocina

La gastronomía es un aspecto esencial en cualquier visita a Nueva Orleans, donde no faltan restaurantes sencillos que sirven bocados sublimes ni lugares de más postín, boyantes desde hace más de un siglo.

Deleitar el paladar con las exquisiteces de **Dooky Chase's,** famoso por su pollo frito, *gumbo* y demás clásicos criollos. (p. 146)

Mimarse con un pescado del golfo recubierto de nueces de pecán y los memorables martinis (¡por solo 0,25 US$!) del **Commander's Palace,** todo un emblema de Garden District. (p. 96; foto izda.)

El festín estará asegurado tras aprender a hacer un *gumbo* para relamerse y bananas flambeadas en el **Southern Food & Beverage Museum.** (p. 97)

Darse un atracón a base de langostinos y gachas de maíz regados de un bellini durante el divertido *brunch* amenizado por *drags* del **Country Club.** (p. 65; foto dcha.)

Probar la deliciosa e incomparable tarta de queso con salchichas de langostino y caimán del **Jacques-Imo's Cafe.** (p. 114)

Unirse a los apasionados de las ostras en **Casamento's,** una institución local. (p. 115)

Dcha.: cocina cajún y criolla.

DESDE IZDA.: ZIMMYTWS/SHUTTERSTOCK, WILLIAM A. MORGAN/SHUTTERSTOCK, JOTAI/SHUTTERSTOCK

LO MEJOR

Fiestas y celebraciones

Nueva Orleans adora la juerga: cualquier excusa es buena para que gente de toda clase y condición –jóvenes, viejos, ricos, pobres, negros, blancos...– se cite durante las celebraciones del apretado calendario festivo, encabezado por el Mardi Gras.

Despertarse antes del alba y disfrazarse para disfrutar del **Mardi Gras,** la mayor fiesta del año. (p. 32)

Seguir el sonido del *jazz, funk,* góspel, *blues,* R&B y *zydeco* mientras se recorren los escenarios del célebre **Jazz & Heritage Festival.** (p. 133)

Escuchar el clamor del público durante un partido de los Saints en el **Superdome.** (p. 82)

Brindar por san Patricio pinta en mano en la multitudinaria fiesta que cada 17 de marzo acoge **Parasol's.** (p. 99)

Celebrar el Día del Trabajo durante el **Southern Decadence,** la fiesta LGTBIQ+ local por antonomasia. (p. 51)

Asistir a alguno de los eventos programados en el **Louis Armstrong Park,** como el **Tremé Creole Gumbo Festival,** donde comida y bebida van de la mano. (p. 146)

Jazz & Heritage Festival.

ADAM MCCULLOUGH /SHUTTERSTOCK

LO MEJOR

Historia

Nueva Orleans es un cofre rebosante de vestigios históricos, desde callejuelas empedradas a tranvías de época. Al explorar estos lugares se descubrirá a las personas –con un importante papel de muchas privadas de libertad– que forjaron esta ciudad.

Recorrer las frondosas calles a bordo del **tranvía de St Charles Avenue,** el que más tiempo lleva operando ininterrumpidamente en el mundo. (p. 110; foto izda.)

Deambular entre curiosidades del ayer mientras se aprende acerca de la historia local en el **Cabildo,** herencia del período español de Luisiana. (p. 40)

Visitar la **Gallier House** para saber cómo vivían las clases altas y los esclavos en la época previa a la Guerra de Secesión. (p. 48)

Ver la tumba de la sacerdotisa vudú Marie Laveau y del activista Homer Plessy en el bellamente inquietante **St Louis Cemetery No 1.** (p. 142)

Surtirse de arte, artesanía y tentempiés en el **French Market,** uno de los primeros mercados públicos del país. (p. 43; foto dcha.)

WILLIAM A. MORGAN/SHUTTERSTOCK

Historic New Orleans Collection (p. 44).

LO MEJOR

Arte

Museos y galerías exhiben la obra de artistas locales e internacionales, mientras que en las salas de música en vivo pueden verse actuaciones de primer nivel.

Dar un garbeo por **Julia Street,** tachonada de galerías premiadas con la obra de un amplio espectro de artistas. (p. 86)

Maravillarse ante los retratos del s. XVIII, pintura de bayous y obras vanguardistas contemporáneas del **Ogden Museum.** (p. 80)

Visitar el **New Orleans Museum of Art,** pilar esencial de la comunidad artística de City Park. (p. 131)

Asistir a un concierto de música clásica en el **Orpheum,** un venerable auditorio de 1921. (p. 81)

Rebuscar artesanía y libros únicos tras dar buena cuenta de la fascinante **Historic New Orleans Collection.** (p. 44)

Hacer una visita autoguiada en el **StudioBE,** un extenso almacén reconvertido en galería, con potentes obras de Brendan "BMike" Odums. (p. 63)

LO MEJOR

Vida nocturna

En el lugar de origen de certeros cócteles como el *sazerac* aguarda una batería de bares de inspiración *vintage* donde probarlos, más numerosas microcervecerías en patios traseros, enotecas y otros locales de lo más interesante.

Observar el cielo teñirse de tonos caoba y rosáceos mientras se saborea un cóctel tropical en el bar de azotea **Hot Tin.** (p. 99)

Paladear una refrescante Hazy IPA en la inconmensurable cervecería **Urban South.** (p. 100)

Ver los tranvías traquetear al tiempo que se degusta un vino rosado con mejillones en **Delachaise,** en Uptown. (p. 119; foto izda.)

Sondear el panorama local de bares en el **Barmuda Triangle** de Bywater. (p. 64)

Constatar por qué **Cure** es una de las mejores coctelerías del lugar. (p. 117; foto dcha.)

DESDE IZDA.: ELLIOTT COWAND JR/SHUTTERSTOCK, KRIS DAVIDSON/LONELY PLANET

Lago Martin (p. 151).

LO MEJOR

Naturaleza

Centenarias encinas del sur, sinuosos *bayous* y un impresionante río turbio son parte integral del telón de fondo de esta ciudad en la que conectar con la naturaleza no requiere demasiado esfuerzo.

Conquistar la empinada escalera del Rusty Rainbow y dar un paseo por la ribera del **Crescent Park.** (p. 68)

Pasear junto a los espejos de agua del **Audubon Park** antes de hacer un pícnic bajo encinas del sur. (p. 112)

Cargar las pilas con un café de achicoria y *beignets* en el **Café Du Monde** para, luego, maravillar con un *bayou* y su fecunda flora. (p. 128)

Disfrutar de las vistas del Misisipi durante una travesía en **ferri** del CBD a Algiers Point, una pequeña comunidad situada enfrente del Barrio Francés. (p. 80)

Avistar garzas azules en el lago Martin en un circuito de **Cajun Country Swamp Tours.** (p. 151)

Lo mejor para niños

Ver la fauna del **Audubon Zoo,** donde residen criaturas de todo el planeta, incluidos orangutanes de Sumatra, flamencos rojos y caimanes autóctonos. (p. 113)

Remangarse para participar en las actividades interactivas del **Louisiana Children's Museum,** donde se podrá mirar por telescopios, construir un dique con las propias manos y crear música con tambores metálicos. (p. 132)

Fijar la mirada en los muchos reclamos del **City Park,** incluidos un parque de atracciones, barcas de pedales, minigolf y *beignets.* (p. 128)

Ver a los pingüinos surcar a toda velocidad las aguas del **Audubon Aquarium.** (p. 80)

Aprender acerca del pasado con las muestras interactivas del **National WWII Museum** y recargar pilas entre la estética retro de la Soda Shop. (p. 76)

Lo mejor gratis

Admirar la obra de artistas famosos y menos conocidos rodeado de las encinas del sur, parterres y vías fluviales del **Sydney & Walda Besthoff Sculpture Garden,** en el City Park. (p. 132)

Seguir a una banda de metales y a resueltos bailarines trajeados en algún desfile de la **Second Line.** (p. 144)

Repasar algunas de las mejores exposiciones culturales e historias en la enorme **Historic New Orleans Collection.** (p. 44)

Entregarse a la noche a ritmo de *jazz* en los clubes de **Frenchmen Street;** casi ninguno cobra entrada. (p. 60)

Sumarse a la carnavalesca diversión (vestido para la ocasión) del desfile de la comparsa **Krewe of Red Beans,** celebrado el Lundi Gras. (p. 63)

Tres días perfectos

Desde sus barrios a su vibrante escena musical, se podrían dedicar semanas a explorar los encantos de Nueva Orleans. Estas son algunas opciones para planificar la visita en función del tiempo disponible.

Puente Rusty Rainbow, Crescent Park (p. 68).

PRIMER DÍA

Si solo se dispone de un día

MAÑANA

Tras desayunar en el **Croissant d'Or** (p. 52; foto), se aborda la **Historic New Orleans Collection** (p. 44), con algunas de las mejores exposiciones culturales del Barrio Francés.

TARDE

Se almuerza en el legendario **Dooky Chase's** (p. 146), en Tremé. Después, se enfila hacia el **Backstreet Cultural Museum** (p. 145), para saber más acerca de los indios del Mardi Gras, la banda del Cráneo y los Huesos, y otros aspectos de la historia local.

NOCHE

Antes de poner rumbo a **Frenchmen Street** (p. 60), epicentro de la música en vivo, se toma un *hurricane* junto a la llameante fuente de **Pat O'Brien's** (p. 50) y, como colofón, se asiste a una actuación de *jazz* en el **Spotted Cat** (p. 60) o el **d.b.a.** (p. 60).

SEGUNDO DÍA

Un fin de semana

MAÑANA

Se disfruta de un agradable trayecto en tranvía a **City Park** (p. 128) y, tras mimarse con los *beignets* y el café de achicoria del **Café Du Monde** (p. 52), se da un paseo por el **Sydney & Walda Besthoff Sculpture Garden** (p. 132).

TARDE

Se explora **Bywater** (p. 57), un barrio tan plácido como bohemio. Luego, se echa un vistazo a **Euclid Records** (p. 71; foto) y, tras cruzar el **Rusty Rainbow,** se deambula por la ribera del **Crescent Park** (p. 68).

NOCHE

Tras cenar en el pintoresco **N7** (p. 70), se recala en el **Bacchanal** (p. 64), famoso por sus vinos, quesos y raciones aderezados con *jazz* en directo.

TERCER DÍA

Una escapada

MAÑANA

Se visita el **Ogden Museum** (p. 80), que además de presentar cautivadoras piezas de artistas sureños y exposiciones temporales, posee una excelente tienda con artículos de regalo.

TARDE

Tras embarcarse en un viaje culinario por los trópicos en **Carmo** (p. 87), se recorren las galerías de **Julia Street** (p. 86), eje del Arts District, para, luego, ir en tranvía a **Garden District** (p. 91; foto).

NOCHE

Una vez saciado de la comida criolla de **Clancy's** (p. 121), se vibra con las actuaciones del **Maple Leaf** (p. 117) o el **Tipitina's** (p. 118), otro puntal de la música en directo de Uptown.

Con más tiempo

Los barrios de Nueva Orleans conforman un marco genial para explorar. Tras pasear por las arboladas calles de **Garden District** (p. 91), no hay nada como descubrir la moda y artículos curiosos de **Magazine Street** (p. 98), o bien adentrarse en el barrio alternativo de **Marigny** (p. 57).

Es obligado pasar tiempo entre naturaleza, ya sea dando un paseo amenizado por el canto de los pájaros en el **Couturie Forest** (p. 131), en el City Park, o recorriendo el **Lafitte Greenway** (p. 133) en bicicleta.

Otra opción magnífica para una caminata es el **Audubon Park** (p. 112), a un paso de la **Tulane University** (p. 116). Además, se puede llegar al parque en el histórico tranvía de **St Charles Avenue** (p. 110), que pasa junto a numerosos y sublimes ejemplos de arquitectura.

No hay que irse de la ciudad sin probar los *snowballs* (granizados), por ejemplo, en **Hansen's Sno-Bliz** (p. 121).

Magazine Street (p. 98).

RICHARD T. NOWITZ/GETTY IMAGES

Una excursión

Se impone madrugar para recorrer en automóvil el Cajun Country. Si es sábado, se desayuna a ritmo de *zydeco* de **Buck & Johnny's** (p. 151).

Otra opción es tomar un café en cualquier otro lugar de la pequeña localidad de Breaux Bridge, antes de seguir hacia el lago Martin para hacer una excursión en barca con **Cajun Country Swamp Tours** (p. 151; foto). Casi todo el año se avistan caimanes, tortugas, garcetas níveas y garzas morenas, entre otras especies.

Se almuerza en Lafayette y, luego, se pasa la tarde repasando las muestras sobre los cajunes, criollos e indígenas de **Vermilionville** (p. 150).

Como alternativa, cabe centrarse en la exquisita cocina regional poniéndose en manos de **Cajun Food Tours** (p. 150).

En un día de lluvia

Podría dedicarse un día entero (o dos) a inspeccionar el **National WWII Museum** (p. 76; foto). En cinco pabellones, la colección cuenta con varios atractivos estrella, incluidas las exposiciones "Road to Tokyo" y "Road to Berlin", pero primero hay que ver la proyección *Beyond All Boundaries.*

Otra propuesta interesante es el **Audubon Aquarium** (p. 80), hábitat de criaturas grandes y pequeñas.

Si las lluvias arrecian, póngase la directa a los **Riverwalk Outlets** (p. 84), donde tras una sesión de compras hay que probar las ricas ostras a la parrilla y el marisco del golfo que preparan en **Drago's** (p. 87).

Prepararse

ANTES DE PARTIR

Tres meses antes Reservar hotel para estancias durante el **Mardi Gras** (p. 32) o el **Jazz Fest** (p. 133).

Un mes antes Reservar en restaurantes populares y sacar entradas para representaciones o conciertos.

Una semana antes Consultar la web del **Gambit** *(nola.com/gambit)* y de la **Consejería de Turismo** *(neworleans.com)* para estar al tanto de la oferta durante la estancia.

Costumbres

Los lugareños son muy dados a saludar y a entablar conversación con desconocidos. Es de buena educación corresponder ante un saludo y hacer lo propio al entrar en cualquier establecimiento. Todo funciona a un ritmo pausado: hay que tener paciencia.

Ropa

Etiqueta Aunque se suele vestir de manera informal, en los restaurantes de postín se exige a los hombres llevar chaqueta.

Lluvia Conviene llevar un impermeable o un paraguas: los chaparrones son frecuentes.

Calor Las prendas ligeras y transpirables y un sombrero ayudan a combatir el calor húmedo de los meses más cálidos.

Conviene saber

Más allá del Barrio Francés

Hay muchísimo que ver en el Barrio Francés, pero el resto de la ciudad también presume de una amplia oferta. Si se buscan más experiencias auténticas hay que visitar **Bywater** (p. 57), **Garden District** (p. 91) o **Uptown** (p. 107).

Vasos de plástico

Está permitido beber alcohol en la vía pública; eso sí, hay que utilizar vasos que no sean de cristal. Quienes al cierre aún no hayan terminado su consumición (o si simplemente apetece tomarse la última de camino a casa), solo tienen que pedir al camarero un vaso de plástico.

Seguridad

Pueden producirse robos o hurtos. Hay que usar el sentido común: no caminar de noche por calles vacías, no perder de vista el bolso o cartera en lugares muy concurridos ni dejar la bebida sola en la barra de un bar.

PROPINAS

No es opcional: muchos trabajadores del sector cobran el salario mínimo y dependen de las propinas.

18-20%+
Restaurantes
de la factura (antes de impuestos)

18-20%
Bares
o un mínimo de 1 US$ por consumición

15-20%
Taxis/Uber

3-5 US$
Personal de limpieza de hotel
por noche

PRESUPUESTO DIARIO

Económico Hasta 150 US$

- Dormitorio colectivo: **40 US$**
- Comida para llevar: **12 US$**
- Cerveza en un bar: **4-6 US$**
- Trayecto corto en bici: **5 US$**
- Bono de tranvía 24 h: **3 US$**

Medio Entre 150-300 US$

- Habitación doble en pensión o B&B: **120-200 US$**
- Comida para dos en restaurante de barrio: **60-80 US$**
- Cócteles: **12-20 US$**
- Coche de alquiler o taxi: **40-80 US$**

Alto Más de 300 US$

- Habitación doble en hotel de cuatro estrellas: **desde 300 US$**
- Cena con vino en restaurante de categoría: **200-300 US$**
- Entrada para un partido de fútbol americano o un concierto: **desde 80 US$**

Moneda
Dólar estadounidense (US$)

Idioma
Inglés

Hora local
Horario de la zona central en EE UU (GMT/UCT -5)

TRAVELVIEW/SHUTTERSTOCK ©

CONSEJO

El bono **Go City New Orleans** *(gocity.com/new-orleans; adultos/niños desde 79/49 US$)* da acceso gratis o reducido a más de 25 atracciones (**National WWII Museum, Creole Queen** y **Mardi Gras World** incl.) y permite realizar visitas guiadas.

Cuándo ir

Nueva Orleans presume de una incesante oferta cultural y de ocio. Y si bien los veranos son tórridos, el uso de aire acondicionado por doquier hace que todo sea más llevadero.

El carnaval arranca a principios de enero y culmina con el Mardi Gras (feb o mar). Abril, ya en plena primavera, es un mes espléndido para la visita, especialmente a finales de mes, cuando tiene lugar el Jazz Fest. El calor asfixiante se deja notar a principios de junio, inicio de la temporada de huracanes. Las altas temperaturas empiezan a dar tregua en octubre, otro mes fantástico. El ambiente festivo cobra auge con la Navidad y el Año Nuevo.

Grandes acontecimientos

Febrero Mardi Gras (p. 32) La madre de todas las fiestas callejeras augura un fin de semana de desfiles, disfraces y jolgorio, más otros festejos las semanas previas al martes de carnaval.

Abril French Quarter Festival (p. 50) Las plazas, patios y ribera del barrio se tornan en un gigantesco escenario (en verdad más de una docena) coincidiendo con este festival gratuito de música en el que tocan conocidas bandas locales.

Abril y mayo Jazz & Heritage Festival (p. 133) Celebrada a lo largo de dos fines de semana, esta multitudinaria cita trasciende el género musical al que debe su nombre, con más de una docena de escenarios, cabezas de cartel de relumbrón y puestos de comida y bebida.

Septiembre Southern Decadence (p. 51) Juerguistas de todos los rincones del país acuden a la mayor fiesta LGTBIQ+ del sur: un fin de semana de diversión y desenfreno.

Clima

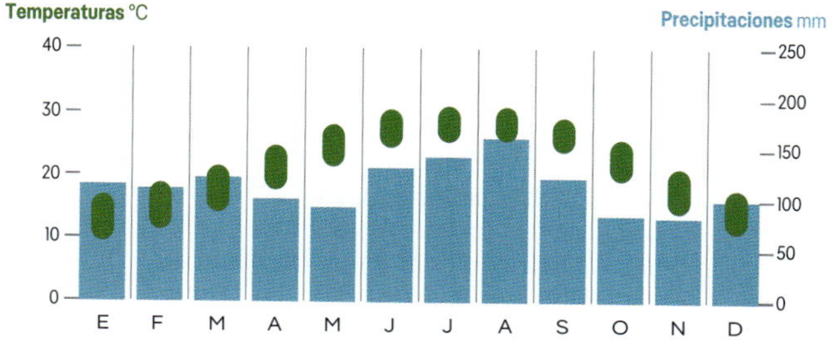

TIMOTHY GUARDERAS/SHUTTERSTOCK

Southern Decadence (p. 51).

Acontecimientos menos conocidos

Marzo Tennessee Williams Literary Festival (p. 50) Encuentros literarios, obras teatrales y festejos, en su mayoría en el Barrio Francés, incluido el concurso de gritos "¡Stella!", inspirado en la famosa escena de *Un tranvía llamado Deseo*.

Mayo Mid-City Bayou Boogaloo (p. 134) Este distendido encuentro tiene lugar en las orillas del Bayou St John, donde, además de grupos y puestos de comida, no faltan quienes acuden remando en kayak o balsa.

Julio San Fermin in Nueva Orleans (p. 83) Cientos de participantes vestidos de blanco corren por las calles de la ciudad delante de unos "toros" muy particulares: chicas en patines con bates de plástico y cascos con cornamenta.

Noviembre Tremé Creole Gumbo Festival (p. 146) Otro magnífico festival de música y arte, en el Louis Armstrong Park, con bandas de metales, un mercado y apetitoso *gumbo*.

CONSEJO SOBRE ALOJAMIENTO

Paradójicamente, en Nueva Orleans la temporada alta es primavera y otoño (feb-may y sep-nov) y la baja, el verano, lo que se traduce en tarifas insuperables para quienes no tengan inconveniente en lidiar con el calor.

Cómo llegar

Si bien el grueso de los viajeros llega al aeropuerto de Nueva Orleans-Louis Armstrong (MSY), hay quienes viajan en autobús o tren hasta esta ciudad situada en el cruce de varias autopistas interestatales.

Del aeropuerto a la ciudad

Taxi

Basta dirigirse al vestíbulo de llegadas (1ª planta) y unirse a la cola junto a la sección 7 de la zona de recogida de equipajes. La tarifa es fija: 36 US$ (uno o dos pasajeros) al CBD o al Barrio Francés; 15 US$/persona para tres o más.

Aplicaciones de movilidad

Si se viaja en familia o en grupo, se ahorrará dinero con esta opción. Para Lyft, se sale por las puertas 7 y 9 (llegadas) y se va a la parte central de la calzada (punto de recogida). Los Uber paran cerca: en la dársena central tras cruzar las puertas 9 y 11.

Autobús

El Airport Express Bus 202 (1,25 US$) circula cada 1½ h entre el aeropuerto y el centro; para en el aparcamiento 2 de la Union Passenger Terminal y en Elk Place, Cleveland. Se toma en la 1ª planta del vestíbulo de llegadas, frente a la puerta 2 de la zona de recogida de equipajes (B4 y B5).

Otros puntos de entrada

Autobús o tren

Los trenes de Amtrak y los autobuses de Greyhound llegan a la Union Passenger Terminal (UPT) de Loyola Ave, en las afueras del centro. Nueva Orleans está atendida por tres líneas de Amtrak: City of New Orleans va a Memphis y Chicago; la Crescent Route conecta con Atlanta, Washington DC y Nueva York; y Sunset Limited, con Los Ángeles. Aunque se puede caminar hasta el Barrio Francés desde la UPT, se desaconseja hacerlo de noche o con equipaje pesado; un taxi ronda los 10 US$.

En automóvil

Desde el oeste hay que tomar la I-10, con pintorescos tramos que bordean humedales y zonas salpicadas de cipreses, garzas y algún que otro martín pescador. Desde el norte o el este, se circula por el lado contrario de la I-10.

Cómo desplazarse

Más allá del centro (llano y compacto), se puede llegar a otros barrios a pie. Los tranvías y autobuses conectan toda la ciudad y hay un buen sistema de bicicletas compartidas. El grueso de los visitantes se las apaña sin automóvil, recurriendo a lo sumo –de noche– a las eficientes aplicaciones de movilidad y taxis.

Tranvía

Hay cinco líneas de tranvía. La más pintoresca es la de St Charles Avenue, que empieza en las lindes del Barrio Francés (Carondelet St y Canal St) y discurre por las avenidas St Charles, Carrollton y Claiborne, pasando por Garden District y Uptown.

Dos líneas siguen Canal St hacia Mid-City. La de los cementerios va a City Park Ave, donde pasa junto a la entrada del Greenwood Cemetery. Más útil para los visitantes es la línea del City Park, que traza una espuela por N Carrollton Ave, antes de terminar en la entrada al parque de Esplanade Ave.

La línea del paseo fluvial (Riverfront Line) comienza en el French Market, en el extremo inferior del Barrio Francés, cerca de Esplanade Ave. Y tras rodear la Union Passenger Terminal, culmina en Canal St y White St.

La línea Rampart une la Union Passenger Terminal con Canal St (vía Rampart St) para, luego, remontar Rampart y bordear el Barrio Francés antes de doblar por St Claude Ave.

DESDE IZDA.: WIRESTOCK CREATORS/SHUTTERSTOCK, SEAN PAVONE/SHUTTERSTOCK

'APP' ESENCIAL

Además de contar con una herramienta para planificar trayectos, **Le Pass** permite pagar con el móvil e informa en tiempo real sobre el estado del transporte.

WILLIAM A. MORGAN/SHUTTERSTOCK

Autobús

El servicio, correcto y fácil de usar, consta de 30 líneas que cubren toda la ciudad. Y aunque ninguna llega al Barrio Francés, hay tranvías que circulan por la ribera y Rampart.

Taxi y aplicaciones de movilidad

Ambos están ampliamente disponibles. Si se viaja solo o de noche, lo mejor es recurrir a ellos. United Cabs *(504-522-9771)* es el mayor y más fiable operador de la ciudad. Y aunque a veces se puede parar un taxi por el Barrio Francés, en general toca llamar para pedir un vehículo.

Bicicleta

Gestionado por el ayuntamiento, Blue Bikes *(bluebikesnola.com)* es un sistema de alquiler de bicis con estaciones en el Barrio Francés, Lower Garden District, Marigny, Bywater y Tremé. Para usarlo, hay que darse de alta en su web o a través de su *app*.

Ferri

La forma más económica de cruzar el Misisipi es con el ferri de Canal Street, que navega entre Canal St y Algiers, en West Bank (margen oeste). Transportan bicicletas pero no automóviles.

Información práctica

La New Orleans Regional Transportation Authority *(norta.com)*, NORTA, gestiona tanto la red local de autobuses y tranvías como las rutas de ferri entre Canal St y Algiers Point.

Horarios

Los autobuses y tranvías circulan de 6.00 a 23.00, aunque algunas líneas operan más horas, entre ellas la de St Charles Avenue (p. 25), cuyo primer servicio en dirección oeste

CONSEJO

El tráfico es más denso de 7.00 a 9.30 y de 15.00 a 18.30; planifíquense los desplazamientos en consecuencia.

sale a las 4.18, mientras que a las 5.00 parte el primer tranvía que recorre Canal St hacia el City Park desde el Caesars Casino.

Los ferris funcionan de 6.15 a 20.30 (22.30 vi y sa).

Billetes

Hay varias opciones. Se puede pagar a bordo –si no se tiene el importe exacto, se obtiene una tarjeta con el cambio correspondiente, que podrá usarse posteriormente– o bien comprar un Jazzy Pass, que permite hacer trayectos ilimitados en el transporte público; los hay de 1, 3 y 7 días *(3, 8 y 15 US$, respectivamente)*. El bono de un día es válido durante 24 h. El Jazzy Pass se puede adquirir en máquinas expendedoras repartidas por la ciudad, en farmacias Walgreens y en la oficina de la NORTA en Canal St. Tanto los bonos como los billetes sencillos pueden comprarse a través de la *app* Le Pass.

Normas

Como en cualquier destino, antes de subir a un vehículo hay que dejar salir a los otros viajeros. Al esperar un autobús o tranvía, hay que situarse junto a la parada y hacerse ver para que el conductor se detenga. Se acostumbra a dar las gracias al conductor al descender.

Accesibilidad

Todos los autobuses y ferris son accesibles, al igual que los tranvías rojos de las líneas de Canal St, Rampart Riverfront y Loyola-UPT. Solo unos cuantos tranvías verdes que circulan (cada hora, aprox.) por St Charles Avenue son accesibles de acuerdo a la normativa vigente; se identifican claramente por el icono que lucen en la parte frontal y en los laterales. Solo hay seis paradas que cumplen con los estándares estipulados por la ley, entre ellas Jackson, Louisiana y Napoleon. La NORTA también brinda un servicio de puerta a puerta para personas con discapacidad *(ida 2 US$)* que no puedan viajar en autobuses convencionales. Para más información, contáctese con RTA Paratransit *(504-827-7433)*.

PRECIOS

Tranvía/autobús
Billete sencillo (adultos/niños)
1,25/0,50 US$

Alquiler de bicis
(Blue Bike)
1 US$ de inicio, más 0,15 US$/min

Ferri
Billete sencillo (adultos/niños)
2/1 US$

Otra cara de Nueva Orleans

Los emblemáticos tranvías y espectáculos de *jazz* son dos de las mayores bazas de la ciudad. Ahora bien, para salirse de lo habitual, se puede visitar una tienda de vampiros, recorrer una exposición de insectos o hacer un circuito en bici pedaleando desnudo.

Obsesión por los vampiros

Atendida por dicharacheros empleados, la tenebrosa **Boutique du Vampyre** *(feelthebite.com)*, en el Barrio Francés, tiene toda clase de regalos de temática vampírica, desde libros, hechizos y dentaduras con colmillos afilados a ataúdes y botellas de sangre, pasando por cartas del tarot decoradas con perturbadoras ilustraciones. También hay un autómata que, por 5 US$, dice el porvenir. A la vuelta de la esquina está el Potions, un bar clandestino al que se accede con una contraseña (cobran entrada).

Encierros de toros

En julio, **San Fermin in Nueva Orleans** (p. 83; *nolabulls.com*) es una versión tan descontrolada como divertida de los Sanfermines de Pamplona. Como en España, los participantes visten de blanco inmaculado, con un fajín y un pañuelo rojos, y calzado adecuado para correr por las calles delante de unos "toros" muy particulares: chicas con patines y cascos con cornamenta, provistas de bates de béisbol de plástico con los que atizan en el trasero a cualquier corredor que se le ponga a tiro. Al "encierro", celebrado a primera hora de la mañana, le sigue una fiesta con alcohol a raudales. Las entradas se reservan en línea.

La noche del lino blanco

Antaño, los lugareños se ponían suaves prendas de lino blanco para combatir el calor estival. En tiempo más reciente, se creó la **White Linen Night** para reactivar el turismo siempre menguante en verano. La gente se viste entonces de blanco y recorre las galerías de arte de **Julia Street** (p. 86), acercándose a las fiestas que cada año acoge el **Contemporary Arts Center** (p. 81; *cacno.org*), donde no faltan el vino y los cócteles. Se instalan escenarios y mesas de DJ en diversos puntos del barrio y abundan los puestos de comida y bebida. Suele celebrarse el primer sábado de agosto (17.00-22.00), aunque últimamente tanto el **Ogden Museum** (p. 80) como el CAC han continuado la fiesta hasta la 1.00. Se cobra entrada en las fiestas; visitar las galerías es gratis.

Boutique du Vampyre.

Dirty Linen Nights (p. 31).

JOHN_SINCLAIR/SHUTTERSTOCK

Audubon Park (p. 112).

INSPIRED BY MAPS/SHUTTERSTOCK

Historic Voodoo Museum (p. 45).

Fiesta de la ropa sucia

Es difícil mantener la elegancia en una ciudad tan sofocante y húmeda como Nueva Orleans. La **Dirty Linen Night,** celebrada en el momento más caluroso del verano, es la irreverente respuesta a la White Linen Night, que tiene lugar una semana antes. Es fundamentalmente una velada en la que se permite entrar gratis en las galerías de Royal St. Cabe esperar mucho vino, comida y jarana nocturna.

Hyams Fountain

En los meses de más calor es costumbre que las familias lleven a su prole a esta **fuente** para chapotear en su ínfima capa de agua, a resguardo de robles y señoreada por la sonriente efigie de su benefactora: Sara Lavinia Hyams. Se halla en el **Audubon Park** (p. 112), entre Magazine St y el zoo.

Paraíso de insectos

Uno quedará embobado con los verdaderos dueños del planeta en el **Insectarium** del Audubon Park. Y es que por cada humano hay más de mil millones de insectos. En otra sección del **Audubon Aquarium** (p. 80) se encontrará un sinnúmero de criaturas, desde enormes escarabajos rinoceronte al raro insecto palo de la belleza negra, más una cuadrilla de hormigas cortadoras de hojas. Las muestras apuntan a un público joven, aunque a todo el mundo gustará el Butterfly Garden, donde revolotean asombrosas mariposas morfo azul.

Desnudos en bici

Amantes del ciclismo y exhibicionistas se reúnen durante el **World Naked Bike Ride Day** (principios de junio), en el que algunos pedalean completamente desnudos. Otros optan por ir en ropa interior o bañador, pintura corporal y mucha purpurina. El evento, programado un sábado por la tarde, congrega a varios centenares de osados que recorren en un ambiente festivo las calles de Bywater y el Barrio Francés.

FUERA DE RUTA

- Ver a algunos de los mejores artistas de *burlesque* de la ciudad en el divertido espectáculo **Fleur de Tease.** (p. 51)
- Realizar sonidos experimentales con instrumentos surrealistas en **Music Box Village.** (p. 63)
- Superar los prejuicios y obtener un verdadero conocimiento de la compleja creencia sincrética del vudú en el **Historic Voodoo Museum.** (p. 45)
- Pasar junto a las evocadoras mansiones de **Garden District,** escenario de un sinfín de películas. (p. 91)
- Oír cómo se estremecen las hojas del **Singing Oak** del **City Park** y el etéreo sonido de los carillones de viento que penden de sus ramas. (p. 130)

★ PLANIFICAR EL VIAJE

Mardi Gras

El Mardi Gras es una amalgama de grandes carrozas que avanzan por calles abarrotadas, *krewes* (comparsas) que se contonean mientras desfilan ataviadas con disfraces, espectaculares bandas de música que interpretan ritmos palpitantes e interminables fiestas callejeras. Solo hay que unirse al jolgorio.

CONSEJO
La *app* Parade Tracker de WDSU muestra la ubicación exacta de las *krewes* durante los desfiles. Conviene ir a pie o en bici, pues cortan muchas calles.

Escanea este código QR para más información y los mejores eventos.

Desfiles

El festival en sí se prolonga durante 12 días, generalmente en febrero. Arranca dos viernes antes del martes de carnaval (Mardi Gras; literalmente, "martes gordo" en francés), su extravagante colofón final. La celebración está ligada a la tradición cristiana, cuando se permitía algún exceso antes de la llegada de la Cuaresma. Los desfiles iniciales son bellas y armoniosas procesiones que preparan al asistente para el esplendor y la espectacularidad del final.

Disfrazarse

Si se prevé asistir a alguno de los desfiles de carrozas que salen de Uptown o Mid-City, se impone ir vestido según la tradición: de púrpura, verde y dorado. Si no se tiene lo necesario, cabe ir a una tienda de disfraces o de prendas de segunda mano (como **Fleurty Girl,** en el nº 3117 de Magazine St).

Los fanáticos de *Star Wars* podrán disfrazarse de su personaje preferido de la saga en Chewbaccus *(chewbacchus.org)*. Se verán desde nutridos grupos de princesas Leia, enormes *wookies* de pelo rosa, bufones alienígenas, robots marchando a un ritmo constante, guepardos bípedos, *gizmos* sobre ruedas y muchas sorpresas. El Lundi Gras (víspera del Mardi Gras), la gente se viste con atuendos engalanados con legumbres secas y demás alimentos de la tierra. Hay que estar al quite por si se observa

GTS PRODUCTIONS/SHUTTERSTOCK

el Beanmobile: una mítica furgoneta Volkswagen decorada con un mosaico leguminoso.

No admiten réplica los disfraces de la Society of St Ann, que desfila la mañana del Mardi Gras desde Bywater hasta el Misisipi.

'Krewes'

Cada una de las comparsas que participa en el Mardi Gras tiene una temática distinta y desfila una noche diferente; es costumbre que lancen pulseras y collares de cuentas, gafas de sol, *frisbees* y otras cosas a los asistentes. Entre las más populares figuran la Krewe du Vieux, una emblemática comparsa que desfila a pie, acompañada de desternillantes carrozas en clave satírica y libidinosa; y Muses, integrada exclusivamente por mujeres y conocida por lo creativo de sus carrozas y los artículos que reparten entre el público. Zulu es la *krewe* afroamericana más antigua y famosa; sus cocos pintados cotizan al alza.

COMIDA Y BEBIDA

Casi todos los lugareños llevan bebidas frías y tentempiés para los desfiles. Las tiendas de comestibles ofrecen platos preparados y en el cruce de las calles principales suelen haber gastronetas.

Explora Nueva Orleans

Merece la pena

Circuitos a pie

St Louis Cathedral, Jackson Square (p. 43).
SEAN PAVONE/SHUTTERSTOCK

Sugerencias de lugares para comer, beber y comprar en **p. 52**

Explora
Barrio Francés

Conocido como "The Quarter" (el Barrio), constituye el trazado primigenio de la ciudad realizado por los franceses en la década de 1700. Aquí se encuentra la notoria Bourbon Street, además de opulentas obras arquitectónicas, con balcones de hierro forjado y patios ajardinados. Sus reclamos son muchos, y es entendible que a quienes visitan la ciudad por primera vez les cueste alejarse de este barrio. De complementar la oferta se encargan museos excelsos en edificios históricos, fotogénicas calles jalonadas de anticuarios y galerías, una miríada de propuestas culinarias y de ocio nocturno, más un sereno paseo fluvial que supone un agradable paréntesis.

Cómo desplazarse

A pie
El Barrio Francés es lo bastante pequeño como para poder caminar de un extremo a otro en 20 min.

Bicicleta
Ir en bici es genial. Conviene alquilar una *fat bike* para las calles bacheadas y evitar Decatur y Rampart.

Tranvía
Para salir del barrio, se va a Canal St para tomar la línea roja (City Park y Cemeteries), o bien se cruza Canal hacia Carondelet y se toma la verde hacia Garden District y Uptown.

Banda de 'jazz' en una calle del Barrio Francés.
GTS PRODUCTIONS/SHUTTERSTOCK

★ **LO MEJOR**

MUSEO DE ARTE Y CULTURA
Historic New Orleans Collection (p. 44)

PASEO EN BARCO
Steamboat Natchez Jazz Cruise (p. 45)

'JAZZ' A LA VIEJA USANZA
Preservation Hall (p. 47)

CIRCUITO POR UNA CASA HISTÓRICA
Gallier House (p. 48)

BAR EN BOURBON STREET
Pat O'Brien's (p. 50)

A
B
C
D
1
2
3
4
5
6
Auditorio Municipal
Louis Armstrong Park
St Ann St
N Rampart St
Lafitte Ave
Lafitte Greenway
Crozat St
Basin St
Burgundy St
Dumaine St
St Ann St
Dauphine St
Orleans St
St Peter St
Toulouse St
St Louis St
Conti St
Bienville St
Dauphine St
Bourbon St
Iberville St
Baronne St
Carondelet St
St Charles Ave
Canal St
Exchange Pl
Chartres St
Decatur St
Clinton St
N Peters St
Canal St/Camp St/ Chartres St
Fritzel's European Jazz Pub
Preservation Hall
Pat O'Brien's
MS Rau Antiques
Historic New Orleans Collection
Fleur de Tease
Hermann-Grima House
Bourbon Street
New Orleans Pharmacy Museum
New Orleans School of Cooking
1
2
9
10
11
12
14
19
20
21
22
25
28
29
30
31
33
37
38
41
42
43
44
45
46
47
48
49
50
52
53
54
55
56
58
59
60
61
65
66
67
68
70
71
72
74
75
76

E
F
G
H
1
2
3
4
5
6
Gallier House Museum
Historic BK House & Gardens
Old Ursuline Convent
New Orleans Jazz Museum en el Old Mint
Historic Voodoo Museum
Cajun Encounters
Lower Pontalba Buildings
Presbytère
Faulkner House Books
Cabildo
Le Petit Théâtre
Woldenberg Park
Steamboat Natchez
Orilla del río
Río Misisipi
Barracks St
Esplanade Av
Ursulines Ave
Governor Nicholls St
French Market Pl
N Peters St
St Philip St
Royal St
Chartres St
Madison St
Pirate Al
Antoine Al
St Ann St
Decatur St
St Peter St
Wilkinson St
Moonwalk
Conti St
N Front St
Ursulines
Dumaine
Toulouse
Bienville
Más información
Imprescindible p. 40
Experiencias p. 44
Comer p. 52
Beber p. 54
Comprar p. 55
0
200 m

★ IMPRESCINDIBLE

Cabildo

La antigua sede de gobierno de la Luisiana española es la antesala a un recorrido por la rica historia de la región. Con reminiscencias del estilo arquitectónico español virreinal, el viejo consistorio abre sus espaciosas salas al público y posee un estrecho tejado abuhardillado de estilo francés añadido posteriormente.

PLANO: P. 38 **E3**

CONSEJO
Pese a cerrar los lunes, Friends of the Cabildo organiza circuitos a pie todos los días. No hay que perderse las vistas de Jackson Sq desde los ventanales de la 2ª planta.

Escanea este código QR para precios y horarios.

Viaje al pasado

Desde las herramientas indígenas de la 1ª planta a los carteles de esclavos huidos en busca y captura de la 3ª, las muestras ilustran el papel de este edificio y la región circundante en la historia. Destacan una sección dedicada íntegramente a la batalla de Nueva Orleans, presidida por un enorme óleo pintado en el s. XIX por el francés Eugène Louis Lami; un mapa histórico de 1744, con cuatro manzanas de la ciudad; y la máscara funeraria de Napoleón Bonaparte. El ala dedicada a la reconstrucción del Cabildo tras la Guerra de Secesión explica de manera exhaustiva este complejo período y sus consecuencias. Merece al menos 2 h.

Sala Capitular

Provista de enormes ventanales con amplias vistas de Jackson Square, este formidable espacio fue durante décadas el más importante de Luisiana. Acogió tanto actos cívicos como procesos judiciales, entre otros el trascendental caso de Plessy contra Ferguson, resuelto aquí en 1896 y en virtud del cual se legalizó la segregación bajo la doctrina "separados pero iguales". Hoy se exhibe una completa exposición sobre la compra de Luisiana.

★ IMPRESCINDIBLE

Presbytère

Este edificio histórico encarado a Jackson Square fue diseñado originalmente (1791) como residencia eclesiástica, si bien nunca llegó a utilizarse como tal y terminó recibiendo distintos usos hasta convertirse en museo en 1911. Hoy, alberga muestras sobre aspectos singulares de la vida local, desde la moda y el arte a la música.

PLANO: P. 38 **E3**

Época de carnaval

La maravillosa exposición permanente dedicada al Mardi Gras explora la fiesta más señalada de Nueva Orleans. Tras examinar su antológico material sobre las *krewes* (comparsas), sociedades secretas, disfraces y relatos raciales que hilvanan el complejo tejido que representa el Mardi Gras, se entenderá que el martes de carnaval no es una mera manifestación de desenfreno. Uno podrá subirse a una carroza de desfile, ver rutilantes disfraces y proyecciones, y oír el estruendoso ritmo de las bandas.

Una amenaza constante

La exposición *Living with Hurricanes* ("Viviendo con huracanes") es el mejor de los muchos espacios que la ciudad ha dedicado a ilustrar el impacto del huracán Katrina, abordando la cuestión de cómo ha logrado sobrevivir en una zona amenazada por estos devastadores fenómenos. Una serie de muestras multimedia, crudas fotografías, una marea de objetos encontrados y una detallada disposición se combinan para crear una impactante experiencia.

CONSEJO

Se ahorra un 20% si se compra la entrada a los Louisiana State Museums (Presbytère, Cabildo, 1850 House Museum y New Orleans Jazz Museum).

Escanea este código QR para precios y horarios.

CIRCUITO A PIE

Paseo por el Vieux Carré

En esta ruta por el histórico Barrio Francés se encontrará un ecléctico patrimonio arquitectónico, monumentos icónicos y un refinado tramo ribereño. La experiencia varía dependiendo de la hora del día: la mañana es el momento más apacible, mientras que por la tarde, cuando hay mayor gentío, rebosa energía con artistas y músicos callejeros.

INICIO	FINAL	DURACIÓN
Jackson Sq	Orilla del río	1,6 km; 1½ h

1 Una plaza superlativa
Señoreada por la catedral, rodeada de videntes, dibujantes y artistas callejeros, y salpicada de tiendas de estética entre caribeña y parisina, **Jackson Sq** no solo es un elemento de referencia del Barrio Francés, sino que representa el palpitante corazón de esta parte de la ciudad. Sus elegantes jardines y la muy fotografiada estatua de Andrew Jackson son otros de sus alicientes.

2 Imponente catedral
Elevándose sobre la plaza se aprecia uno de los mejores ejemplos de arquitectura francesa de EE UU: la **St Louis Cathedral** que, con sus tres chapiteles, debe su nombre a Luis IX, el monarca francés canonizado en 1297. Aunque la construcción actual data de la década de 1850, las versiones previas de la basílica se remontan a 1718. Dentro *(gratis)* aguardan espectaculares vitrales de figuras ilustres.

3 Casa de Tennessee Williams
Luego, se dobla la esquina hacia St Peter St, y al llegar al nº 632 ½, se alza la vista hacia el balcón del 2º piso, donde vivió Tennessee Williams en 1946 y 1947, período en el que el célebre dramaturgo escribió *Un tranvía llamado Deseo.*

4 La calle más evocadora
Se tuerce a la derecha y se continúa por la elegante **Royal St,** repleta de preciosas galerías de arte y tiendas de antigüedades. Es obligado detenerse a inmortalizar la LaBranche House (700 Royal St), un edificio de tres plantas de la década de 1840, engalanado con balcones de hierro forjado y plantas colgantes.

5 Un mercado del siglo XIX
Repartido en varios edificios, el vibrante **French Market** *(frenchmarket.org)* promete un animado revoltijo de curiosidades, puestos de comida y de arte, y es un sitio genial para curiosear mientras se degusta una mazorca a la parrilla. Centro comercial durante centurias, la estructura decimonónica actual la firmó Joseph Abeilard, uno de los primeros arquitectos afroamericanos del país.

6 Doncella de Orleans
La plaza triangular próxima al French Market custodia la reluciente efigie de una figura venerada por los lugareños: Juana de Arco. La estatua, realizada en bronce en 1964, es un regalo del pueblo francés a la ciudad.

7 El turbio Misisipi
Tras cruzar Decatur, se enfila hacia el paseo a la vera del Misisipi y se disfruta de las vistas del río. Varias placas y estatuas se suceden aportando información sobre personajes y eventos menos conocidos que moldearon la historia de Nueva Orleans.

EXPERIENCIAS

Sumergirse en el pasado
MUSEO DE HISTORIA

PLANO: 1 P. 38 **D4**

Interesante combinación de edificios restaurados, museos y centros de investigación, la **Historic New Orleans Collection** *(hnoc.org; gratis)* es un buen punto de partida para conocer la historia de la ciudad. El complejo, respaldado por el campus de **Royal St** (p. 43), presenta exposiciones que, además de rotar con carácter regular, mueven a reflexión. Sus más recientes muestras han abordado las raíces históricas de los encarcelamientos en masa en Luisiana, la amenaza que se cierne sobre los humedales del estado, las mujeres locales y el derecho a voto, y la ayuda social y los grupos de presión locales. No hay que perderse las French Quarter Galleries, con muestras multimedia que documentan la historia de la región, desde los asentamientos de nativos americanos a la colonia francesa del s. XVIII, pasando por su condición de centro cultural.

Explorar una botica decimonónica
MUSEO DE LA FARMACIA

PLANO: 2 P. 38 **D4**

Alojado en una de las boticas más antiguas del país, el **New Orleans Pharmacy Museum** *(pharmacymuseum.org; adultos/niños 10/7 US$)* depara armarios llenos de elixires en su día considerados terapéuticos, junto a aterradoras agujas hipodérmicas y sierras de tamaño dispar (la amputación era una de las contadas opciones quirúrgicas disponibles en la centuria de 1800). Fue aquí donde, al parecer, el doctor James Dupas llevó a cabo experimentos médicos con mujeres esclavas embarazadas.

Han de reservarse con antelación las visitas guiadas de 45 min *(adultos/niños 20/17 US$)* que arrojan luz sobre las epidemias, los remedios milagrosos y los primitivos tratamientos médicos (opio, sanguijuelas, inyecciones de mercurio).

Dar una vuelta por la ribera
PASEO POR LIBRE

PLANO: 3 P. 38 **E6**

Cuando se antoje necesario descansar del tumulto y respirar una bocanada de aire fresco, nada supera un paseo junto a la **orilla del río.** Tras un proceso de remodelación, la zona de la ribera ahora luce senderos peatonales, estatuas de figuras locales olvidadas, proyectos de arte público y pequeñas zonas verdes como el Woldenberg Park, contiguo al extremo sur de Canal St. No faltan bancos y parterres para hacer un pícnic mientras se observa el vaivén de barcazas y cargueros. La primera hora de la mañana o la última de la tarde son buenos momentos para disfrutar de la fresca brisa y de los rayos de luz dorados que envuelven el río.

Cruzar el Misisipi EXCURSIÓN EN BARCO

La actual flota de barcos de vapor es una pálida copia de las bellas embarcaciones que surcaban el Misisipi en tiempos de Mark Twain. Lejos quedan las damas vestidas con faldas con miriñaque, los señores de bigote encerado, las incesantes partidas de dados y el tintineo de los pianos desafinados. Ahora lo que se ofrece es un abanico de excursiones, incluidos circuitos en clave histórica, *brunches* o cenas amenizados con *jazz*, y eventos especiales en días festivos. Para una lánguida travesía a la antigua, pocas cosas superan el encanto de adentrarse en el Misisipi y observar su rueda de paletas al remontar o descender el río. Es una actividad de lo más relajante que hará las delicias de toda la familia.

En general, son dos las empresas que ofrecen cruceros por el río, con una propuesta bastante similar (véase "Las mejores excursiones en barco"). El **'Steamboat Natchez'** (PLANO: 4 P. 38 **F5**; *steamboatnatchez.com*) zarpa de un muelle próximo al inicio de Toulouse St, mientras que el **'Creole Queen'** (PLANO: 5 P. 38 **F6**; *creolequeen.com*) hace lo propio desde la zona de Poydras St más cercana al río, detrás del Four Seasons Hotel.

LAS MEJORES EXCURSIONES EN BARCO

Creole Queen Jazz Brunch
Los fines de semana puede reservarse esta travesía de 1½ h con música en vivo y un rico *brunch* *(adultos/niños 69/35 US$).*

Steamboat Natchez Jazz Cruise
Para almorzar sin sofocos nada como un agradable crucero amenizado con música *(adultos/niños 60/30 US$).*

Creole Queen Historic Cruise
Por la tarde zarpa un crucero al Chalmette Battlefield, donde se aprenderá más sobre la batalla de Nueva Orleans *(adultos/niños 42/17 US$).*

Steamboat Natchez Sippin' on the 'Sippi
Esta desenfadada travesía vespertina de 2 h incluye cerveza, vino y cócteles *(adultos/niños 42/20 US$).*

Profundizar en el vudú MUSEO DEL VUDÚ

PLANO: 6 P. 38 **E2**

El **Historic Voodoo Museum** *(voodoomuseum.com; adultos/niños 10/8 US$)* es uno de los mejores lugares para aprender sobre esta práctica con frecuencia incomprendida. Apenas consta de dos salas y un pasillo, lo que no quita para que contenga montones de estatuas, muñecas y cuadros, además de varios carteles que ayudan a entender las creencias espirituales y las prácticas del vudú. En los momentos de mayor afluencia, el museo puede resultar algo claustrofóbico. Para saber más, una buena idea es apuntarse a alguno de los circuitos a pie de 2 h organizados por el centro *(36 US$/persona)*. En su tienda de regalos venden recuerdos muy originales, incluidos amuletos grisgrís, jabones a base de hierbas y *jujus* (talismanes en forma de pata de gallina).

Adentrarse en el mundo del 'jazz' MUSEO

PLANO: 7 P. 38 **H1**

Construido en estilo neogriego, el Old us Mint (casa de la moneda) es el único edificio de su clase en el que se han impreso tanto dólares estadounidenses como moneda confederada. Hoy es la sede del **New Orleans Jazz Museum** *(nolajazzmuseum.org; adultos/niños 8/6 US$)*, con exposiciones temporales sobre la historia y la cultura local del *jazz*. También alberga el Louisiana Historical Center, un archivo compuesto por manuscritos, microfichas y registros relacionados con el estado.

Antes de ir, conviene consultar en línea la agenda del museo, pues suele acoger conciertos y un sinfín de eventos (yoga a ritmo de *jazz*, actividades lúdicas para bebés y los clásicos conciertos de balcón).

Recorrer un antiguo convento EDIFICIO HISTÓRICO

PLANO: 8 P. 38 **G2**

Uno de los pocos edificios coloniales franceses que se conservan en la ciudad, el **Old Ursuline Convent** *(oldursulineconventmuseum.com; adultos/niños 8/6 US$)*, de 1745, brinda una perspectiva única de la historia de la ciudad. Superado su sencillo exterior aguardan vidrieras, viejas escaleras de madera y vetustas salas que han tenido muchos usos a lo largo de los años, p. ej., como convento de las hermanas ursulinas, escuela, residencia arzobispal o sala de juntas de la Asamblea Legislativa de Luisiana. Su interior y la iglesia aneja poseen imágenes, cuadros y otras muestras de arte sacro. Sus instruidos guías desvelarán desde los retos a los que se enfrentaron las primeras monjas francesas llegadas de Ruán en 1727 a las misas oficiadas el Día de Todos los Santos. Solo puede verse en un circuito guiado (lu, ju-sa 10.00, 11.00 y 13.00).

Vagar por un emporio de las antigüedades TIENDA EMBLEMÁTICA

PLANO: 9 P. 38 **D4**

En un enorme espacio de casi 3000 m^2 repartido en varias plantas, **MS Rau Antiques** *(rauantiques.com)* es uno de los anticuarios más venerados de la ciudad. El seductor establecimiento, que parece un museo, se inauguró en 1912 y hoy lo gestiona Bill Rau, su propietario de tercera generación. Se verá un sinfín de tesoros, desde lienzos originales de Edgar Degas y René Magritte a cajas de música del tamaño de un armario, amén de llamativa joyería, relojes bañados en oro, tapices raros y demás piezas de diferentes épocas. Pese a lo distinguido del lugar, el personal es cálido y hace que cualquiera se sienta bienvenido aunque no vaya a desembolsar 30 000 US$ por una urna funeraria de la antigua Roma.

Desmelenarse en Bourbon St

ZONA DE OCIO NOCTURNO

PLANO: 10 P. 38 C4

Como en Las Vegas o Cancún, en el tramo principal de **Bourbon Street** es donde se da rienda suelta a los reprimidos impulsos y deseos de la psique estadounidense, materializados en forma de bares de karaoke, clubes de estriptís y despedidas de soltero. Es una experiencia que bordea lo chabacano, pero resulta ineludible por su naturaleza extravagante y decididamente divertida.

En Saint Philip St, Bourbon pasa de ser un infierno dantesco iluminado por neones a ofrecer un tramo más agradable de casas históricas, bares y restaurantes, muchos de ellos dirigidos a la comunidad LGTBIQ+. Uno de los mejores es Lafitte's (p. 54), el bar de ambiente en activo ininterrumpidamente más antiguo del país.

Escuchar a leyendas del 'jazz'

MÚSICA EN VIVO

PLANO: 11 P. 38 D3

Sito en una antigua galería de arte de 1803, **Preservation Hall** *(preservationhall.com; 25 US$)* es una de las salas de música en vivo con más solera de la ciudad. Su grupo residente, la Preservation Hall Jazz Band, además de reconocido talento y cartel a nivel mundial, ejercen de embajadores musicales de la ciudad, como fue el caso en los JJ. OO. de París 2024.

Asistir a una actuación aquí significa escuchar excelente música en un marco íntimo, muy distinto de cualquier otra sala de la ciudad. Las entradas se compran en línea antes del inicio. Los conciertos duran 45 min y hay varias sesiones cada noche; se aconseja ir temprano para conseguir un buen sitio (quienes lleguen a última hora se quedarán de pie). No se sirve ni alcohol ni comida, y el baño está en el contiguo Pat O'Brien's Bar (p. 50). Se permite el acceso a público de todas las edades.

BOURBON ST, MOTOR DE LA ECONOMÍA LOCAL

Los lugareños adoran o detestan esta calle, que pese a considerarse burda y maloliente, desempeña un papel determinante en la economía de la ciudad. Cada año, Nueva Orleans recibe más de 18 millones de visitantes, que gastan unos 9000 millones de dólares durante su estancia. Se calcula que el 80 % de ellos acude a Bourbon St, inyectando decenas de millones en la economía local, con los que se contribuye a mantener más de 7000 puestos de trabajo concentrados en la veintena de manzanas repartidas a ambos lados de la famosa calle: un tejido empresarial 100 veces más productivo que el resto de la ciudad.

Afinar la técnica culinaria
CURSOS Y DEMOSTRACIONES

PLANO: 12 P. 38 D5

En la **New Orleans School of Cooking** *(neworleansschoolofcooking.com)*, se aprenderá a preparar algunos de los platos locales más conocidos en el divertido e histórico marco que representa un antiguo almacén de melaza. Se puede optar por reservar una demostración en la que se verá a diestros chefs ejecutar 3-4 platos *(42-47 US$)* mientras se interioriza la historia culinaria de la ciudad. O, para una experiencia más inmersiva (clave si se pretende probar la comida), decantarse por una clase práctica *(158 US$)* en la que un chef profesional enseña a un máximo de nueve participantes a elaborar una deliciosa comida seguida de un ágape. Algunos de los platos preparados son *jambalaya*, *gumbo* (de marisco o *andouille* de pollo), langostinos al estilo cajún, gachas de maíz, *étouffée* de langosta y bananas Foster.

Visitar una casa de la década de 1860
VISITA GUIADA

PLANO: 13 P. 38 F1

El **Gallier House Museum** *(hgghh.org; adultos/niños 17/14 US$)* ejemplifica el incomparable estilo del Barrio Francés mediante las innovaciones del arquitecto James Gallier Jr., quien diseñó la casa en 1860. Varios guías repasan sus singulares características, incluidos sus tragaluces dobles y el sistema de cañerías interior, con agua corriente fría y caliente, tecnología punta por entonces. También se hace mención a sus antiguos residentes, muchos de ellos esclavos que vivían en los barracones traseros. Solo se accede en alguna de las cinco visitas guiadas diarias (cerrado ma).

Si se planea visitar la Hermann-Grima House, es mejor comprar una entrada para las dos: se ahorrará dinero.

Aprender acerca de la esclavitud
VISITA GUIADA

PLANO: 14 P. 38 C4

Otro reclamo de peso es la **Hermann-Grima House** *(hgghh.org; adultos/niños 17/14 US$)*, una construcción erigida en estilo federal en el s. XIX, con mobiliario de época que ayuda a visualizar el pasado. Sus versados guías describen a la perfección las experiencias vividas por los esclavos de este entorno urbano, en contraposición con los esclavos de las plantaciones. Visitable solo en uno de los cinco circuitos diarios (cerrado ma).

Recorrer el antiguo hogar de un novelista
VISITA GUIADA

PLANO: 15 P. 38 F1

Situada en una zona más tranquila y a menudo pasada por alto, la **Historic BK House & Gardens** *(bkhouse.org; adultos/niños 10/5 US$)* es una edificación neogriega de 1826 rebosante de detalles de época. Durante la visita guiada *(45 min, cada hora 10.00-15.00)* se aprenderá acerca de la alta sociedad y los esclavos que la servían, además de centrarse en residentes más recientes, como la novelista Frances Parkinson Keyes, muy dada a celebrar fiestas por todo lo alto cuando no estaba trabajando en títulos famosos como *Una cena en Antoine's*.

Asistir a una obra dramática sureña

TEATRO

PLANO: 17 P. 38 **E3**

Fundado en 1916, **Le Petit Théâtre** *(lepetittheatre.com; adultos/estudiantes desde 42/22 US$)* es uno de los escenarios teatrales más antiguos del país, y su acogedor auditorio con 324 butacas garantiza una experiencia íntima. En su céntrica ubicación en **Jackson Sq** (p. 43), la compañía ofrece un magnífico repertorio, con predilección por las obras dramáticas sureñas y las representaciones infantiles. A lo largo de la temporada (oct-jun) se programan unas cinco obras diferentes, además de conciertos y acontecimientos especiales durante todo el año, algunos en el marco de eventos destacados, como el Tennessee Williams Literary Festival (p. 50).

Embarcarse en una aventura

PASEOS EN BARCO

PLANO: 18 P. 38 **G2**

Para relajarse, una buena opción es disfrutar de una salida a la naturaleza con **Cajun Encounters** *(cajunencounters.com; adultos/niños 65/44 US$, traslados incl.)*. Organizan paseos en barco de 2 h por el pantano de la isla de Honey (55 km al noreste) en los que se avistarán caimanes, garzas azules, águilas calvas, mapaches y otras especies salvajes mientras se navega bajo imponentes cipreses calvos recubiertos de musgo.

Si apetece algo diferente, cabe reservar una excursión en kayak. Se ahorrará algo de dinero *(adultos/niños 35/24 US$, traslados aparte)* si se conduce hasta el punto de partida.

TRAS LOS PASOS DE FAULKNER

PLANO: 16 P38 **E3**

Como tantos otros escritores estadounidenses, William Faulkner pasó una temporada en Nueva Orleans, concretamente en 1925, en un apartamento de alquiler en Pirate Alley. La vivienda, hoy ocupada por **Faulkner House Books,** es un reclamo literario de visita obligada para cualquier bibliófilo que se precie. Durante su estancia, Faulkner trabajó para el *Times-Picayune*, colaboró con la revista literaria *Double Dealer* y se rodeó de autores locales, además de escribir su primera novela, *La paga de los soldados* (1925).

Disfrutar de un concierto de 'jazz'

BAR MUSICAL

PLANO: 19 P. 38 **D2**

Es tan pequeño el **Fritzel's European Jazz Pub** *(fritzelsjazz.com)*, uno de los mejores lugares de Bourbon St para oír música en vivo, que no puede decirse que haya localidades malas. Los asientos rayan lo rústico: bancos y sillas tan pegadas entre sí que uno se verá obligado a disculparse cada vez que se levante. Como en cualquier otro local de Bourbon, las consumiciones son carísimas, pero no se cobra entrada.

Ver un duelo de pianistas BAR EMBLEMÁTICO

PLANO: 20 P. 38 D3

Pese a su innegable cartel turístico, **Pat O'Brien's** *(patobriens.com)* es sinónimo de ambiente fabuloso y una historia fascinante. Y al fin y al cabo, ¿acaso hay otro sitio donde puede verse un duelo de pianos retrofuturistas capaces de deleitar a los asistentes con diferentes versiones de éxitos de Billy Joel en los ochenta? Tampoco tiene desperdicio su patio, iluminado con fuentes llameantes, aunque casi todo el mundo lo frecuenta por sus *hurricanes,* un cóctel a base de ron, zumo y granadina. Si los pianos llegaran a aturdir, siempre cabe buscar resguardo en la relativa calma del bar. Reembolsan 3 US$ al devolver el vaso del cóctel, que francamente es un recuerdo estupendo.

Contribuir a promover la literatura FESTIVAL PRIMAVERAL

El **Tennessee Williams Literary Festival** *(tennesseewilliams.net)* celebra al fantástico dramaturgo estadounidense, quien vivió y trabajó en Nueva Orleans durante más de 40 años. A lo largo de cinco días a finales de marzo, promete diferentes tipos de eventos, desde lecturas, debates literarios, talleres de escritura, circuitos a pie y representaciones a cargo de la Tennessee Williams Theatre Company. El grueso de la programación se encuadra en el Barrio Francés, incluido el genial Stella Shouting Contest, en el que los participantes se esmeran por emular el estremecedor grito de Stanley Kowalski ante un panel de jueces y un público entregado en Jackson Sq. Muchos eventos son gratis; otros cuestan 10-40 US$ (hay pases VIP).

Ir a un festival de música gratis CONCIERTOS

El barrio más antiguo de la localidad se transforma en un gigantesco escenario (o mejor dicho más de una veintena en total) durante el **French Quarter Festival** *(frenchquarterfest.org).* Con más de 40 años de historia, es un magnífico contrapunto al Jazz Fest, cuyos elevados precios desaniman a muchos. El FQ Fest, en cambio, es completamente gratis, y congrega a multitud de talentos locales consagrados al *funk, zydeco,* folk, música latina y clásica, góspel y *jazz* (tanto tradicional como *avant-garde*), además de muchos otros estilos. Los escenarios principales se montan junto al río, en el Jazz

Museum (p. 46) del Old Mint, en **Jackson Sq** (p. 43), y en varios patios por el barrio. Son cuatro días de conciertos (med abr) desde las 11.00 hasta las 19.00. Mejor ir temprano para evitar el gentío.

Festejar por todo lo alto FESTIVAL LGTBIQ+

Southern Decadence *(southerndecadence.com)* atrae a juerguistas de diversas latitudes coincidiendo con el Día del Trabajo (ppios sep). El enorme festival LGTBIQ+ gravita en torno a algunos de los mejores locales nocturnos del barrio, antes de culminar en un multitudinario desfile que tiene lugar el domingo y tradicionalmente sale del Golden Lantern (p. 54).

Celebrar el New Orleans Pride FESTIVAL LGTBIQ+

Si bien los actos del Orgullo se suceden durante todo junio, la fiesta grande es a principios del mes, durante el **Pride Weekend** *(neworleanspride.org)*, que coincide con el Black Pride Weekend. Las banderas arcoíris ondean por doquier y las calles bullen durante la gran marcha (suele caer en sábado), que arranca de **Marigny** (p. 57) y pasa por el Barrio Francés. Entre los actos paralelos se incluyen circuitos a pie, obras de teatro y eventos familiares como los festejos del Family Equality Day.

Vivir un ambiente picante ESCENARIO 'BURLESQUE'

PLANO: 21 P. 38 **D4**

Para salirse de lo convencional no hay como asistir a los espectáculos *burlesque* de **Fleur de Tease** *(fleurdetease.com)*, cuyos talentosos intérpretes –muchos de ellos bailarines profesionales– combinan una estética *vintage* con una actitud moderna y descarada en torno a la sexualidad. Sus espectáculos de variedades cuentan con la participación de magos, tragafuegos y equilibristas, sin olvidarse de añadir una dosis de humor. Fleur de Tease tiene actuaciones en toda la ciudad, incluido un espectáculo con música en directo en el Royal Sonesta Hotel (vi).

Ahondar en la coctelería de vanguardia CHARLAS TEMÁTICAS

PLANO: 22 P. 38 **A5**

Una de las citas más importantes para los profesionales de la coctelería es el **Tales of the Cocktail** *(talesofthecocktail.org)*, celebrado tradicionalmente en el **Ritz-Carlton** a finales de julio. De una semana de duración, consta de más de 400 eventos, desde catas y debates a charlas con autores y circuitos guiados por bares. Hay desde pases diarios y semanales *(desde 45/175 US$, catas incl.)* a seminarios *(desde 600 US$)*.

SUGERENCIAS

Lo mejor para...

Localizaciones en el plano de la **p. 38**

$ Económico $$ Medio $$$ Alto

Comer

Cafés y locales para desayunar

Croissant d'Or $
23 F1
En una zona apacible, con buena bollería, *quiches*, sándwiches y ensaladas *gourmet. 7.00-13.00 lu y mi-vi, hasta 15.00 sa y do*

Stanley $
24 E3
Su icónico local en Jackson Sq sirve desayunos todo el día, así como *po'boys* de ostras, *gumbo* y mucho más. *8.00-14.30 ju-lu*

Spitfire Coffee $
25 C5
Al final de una calleja espera esta microscópica opción con algunos de los mejores cafés de la ciudad, a destacar el *latte* de vainilla mexicana. *8.30-14.30 ju-do*

Cafe Envie $
26 H1
Luminoso, amplio y de aire *vintage*, sirve certeros cafés fríos y calientes, desayunos y almuerzos. *7.00-23.00*

'Beignets' y helado

Café Du Monde $
27 F3
Hay que madrugar para evitar las colas en este famoso establecimiento, en la brecha desde 1862. *7.15-23.00*

Sweet Saint $
28 C4
Helados artesanos de primera: café de achicoria, crema de limón... *13.00-20.00 mi-lu*

Café Beignet $
29 C5
Deliciosos *beignets*, desayunos y recetas criollas en su sombreado patio a un paso de Royal St. *7.00-18.00*

Sucré $
30 C5
Popular cadena local con dos sucursales en Royal St que despachan cremoso *gelato* y dulces *macarons. 8.00-23.00*

Cocina informal

Napoleon House $$
31 D4
Un lugar mágico para probar platos criollos de toda la vida, en un edificio de 1797 con un atractivo patio. *11.00-22.00*

Port of Call $
32 E1
Famosa hamburguesería que triunfa desde los años sesenta entre una clientela satisfecha. *11.00-22.00 mi-lu*

The Will & the Way $$
33 D3
En su relajante terraza se disfrutará de creativos platillos y fantásticos cócteles. *15.00-1.00 lu-ju, 12.00-1.00 vi-do*

Bennachin $$
34 F1
Tentador restaurante que acierta con *bennachin* (*jambalaya* africana) y otros favoritos de la cocina de África occidental. *11.00-19.30 mi-do*

Manolito $
35 F3
Bordan tanto el sándwich cubano como las arepas, que bien pueden regarse con un cóctel. *16.00-23.00*

Al aire libre

Café Amelie $$
36 E2
Destacan el *brunch* y los sándwiches en esta

romántica propuesta en un patio escondido. *10.30-14.30 y 17.30-21.30 ju-do*

Court of the Two Sisters $$$

37 D3

Su patio trasero encandila a los lugareños con su *brunch* a ritmo de *jazz*. *9.00-15.30 y 17.30-21.30*

Jewel of the South $$$

38 B3

Oculto tras una casita, su patio es tan tentador como su oferta culinaria. *17.00-23.00 mi, ju y lu, 11.30-23.00 vi y sa*

Tableau $$$

39 E4

Para mimarse con alta cocina criolla acompañada de vistas memorables. *11.00-21.00 mi-do*

Alta cocina

Sylvain $$

40 E4

Confort food bien ejecutada servida en una vistosa cochera. *10.30-15.00 vi-do y 16.00-23.00 diario*

Galatoire's $$$

41 B5

Venerada institución con clásicos criollos como *crab au gratin;* hay que vestir para la ocasión. *12.00-21.00 ma-do*

Restaurant R'evolution $$$

42 C5

Para darse un capricho: *foie gras* cocinado en sartén de hierro fundido y un maridaje perfecto. *Horario variable*

Antoine's $$$

43 C4

Para saborear un trocito de historia de Nueva Orleans mientras se prueban las ostras Rockefeller. *Horario variable*

GW Fins $$$

44 B5

Sublimes empanadillas de langosta, atún de aleta amarilla madurada en seco... Imprescindible si gusta el pescado. *Horario variable*

Arnaud's $$$

45 B4

Boyante desde 1918, despunta por su magistral cocina criolla. *17.30-21.00 ma-sa y 10.00-13.30 do*

Bayona $$$

46 C4

Pionero de la *slow food,* elegante sin pecar de pretencioso. *11.30-13.30 ju-sa y 18.00-20.30 ma-sa*

Brennan's $$$

47 C4

Cocina criolla a base de platos famosos y unos desayunos de aúpa. *9.00-21.00*

Broussard's $$$

48 B4

Centenario, mima a los comensales con exquisiteces de agua dulce y salada. *Horario variable*

Carnes

49 B6

Dickie Brennan's Steakhouse $$$

Chateaubriand de nivel y otros cortes de ternera acompañados de gratén de patatas. *17.00-21.00 ma-sa*

Rib Room $$$

50 D4

Sublime y refinado: así es desde hace más de seis décadas este edén para amantes de la carne. *7.00-14.00 y 17.00-21.00*

Doris Metropolitan $$$

51 E4

Moderno asador que conjuga elegancia clásica y excelentes cortes de carne madurada. *17.00-22.00 ma-do*

Pelican Club $$$

52 C5

Pese a sus muchas opciones, se llevan la palma el tiernísimo *filet mignon* y el lomo alto de wagyu. 17.00-*21.00 mi-do*

Pescado y marisco

Acme Oyster House $$

53 B5

Ostras frescas y a la parrilla, marisco frito,

po'boys, gumbo y cócteles granizados. *11.00-22.00*

Deanie's Seafood Restaurant $$
54 B5
Desde langostinos cajún a ostras a la parrilla. *11.00-21.30 ju-lu, desde 16.00 ma y mi*

Beber

Música en directo

21st Amendment Bar
55 B5
Sensacional bar de *jazz* que rara vez cobra entrada (mínimo una consumición). *15.00-24.00 ju-do, desde 18.00 lu-mi*

House of Blues
56 D6
No solo suena *blues* en este espacio con varias salas de música en vivo donde tocan grupos excelentes. *10.00-22.00 vi-do, 16.00-22.00 ju*

Davenport Lounge
véase 22 A5
Jazz de nivel y una parroquia bien vestida; en el Ritz-Carlton. *11.00-23.00 do-ju, hasta 1.00 vi-sa*

Balcony Music Club
57 H1
Bullanguero local de Decatur St, que ofrece gran variedad de actuaciones diarias: *jazz, blues, rock* y *funk*. *19.00-1.00 mi-do*

Mahogany Jazz Hall
58 C6
Más nuevo, con una estética *vintage* y soberbias actuaciones a cargo, p. ej., del trompetista Leroy Jones. *17.00-24.00 do-ju, hasta 1.30 vi-sa*

Coctelerías

Bar Tonique
59 C1
Entre *lounge* y bareto, ideal para saborear un convincente cóctel en un ambiente tenue. *12.00-2.00*

Latitude 29
60 D6
Los cócteles de ron reinan en este edén de decoración *tiki*. *15.00-21.00 do-ju, 12.00-23.00 vi y sa*

Old Absinthe House
61 B5
Bar de la vieja escuela muy indicado para iniciarse en el mundo de la absenta. *10.00-2.00*

Fives
62 F3
Gastropub con una barra ovalada de madera donde pasar el rato probando inventivos tragos. *11.00-22.00*

Bares LGTBIQ+

Lafitte's
63 E2
El bar LGTBIQ+ que lleva más tiempo operando ininterrumpidamente del país acoge divertidísimos eventos; también los domingos. *12.00-2.00*

Golden Lantern
64 F1
Una relajada clientela frecuenta este emblema que no pierde fuelle desde la década de 1960. *8.00-2.00*

Oz
65 D2
Clásico bar lleno de chicos bailando sin camisa, *drags* en actitud de diva y música atronadora hasta las tantas. *18.00-4.00 lu-mi, 12.00-4.00 ju-do*

Good Friends
66 D2
Ambiente acogedor, bármanes afables y arte de George Dureau. *13.00-4.00*

Bares históricos

Carousel Bar
67 C5
Ir temprano es la única manera de conseguir sitio en este icono de 1949; en el Hotel Monteleone. *11.00-24.00*

French 75 Bar

68 B4

Se ha de vestir bien para entrar en este clásico con cócteles estelares. *17.30-22.30 ma-sa*

Fritzel's European Jazz Pub

véase 19 D2

Suele haber música en directo en este veterano de Bourbon St. *16.00-24.00 lu, 12.00-2.00 ma-do*

Napoleon House

véase 31 D4

Tras acomodarse junto a la barra, pídase un Pimm's Cup. *11.00-22.00*

Bares

Molly's at the Market

69 G2

Nunca es mal momento para visitar este desenfadado bar famoso por su café irlandés granizado. *10.00-3.00*

Toulouse Dive Bar

70 D3

Buena gramola, mesa de billar y bármanes atentos. *12.00-6.00*

Chart Room

71 C5

Muebles desastrados, una parroquia dicharachera y bebidas baratas. *12.00-4.00*

Black Penny

72 B2

Certera apuesta para un trago, con una extensa carta que abarca muchas cervezas. *12.00-4.00*

Comprar

Recuerdos

Historic New Orleans Collection

véase 1 D4

Fantástica colección de arte, artesanía, ropa y libros. *9.30-16.30 ma-sa, 10.30-16.30 do*

Dirty Coast

73 E4

Llamativas camisetas y otras ideas para regalar con conciencia ecológica y social. *11.00-18.00 lu-ju, 10.00-18.00 vi-do*

Leah's Pralines

74 C4

Vieja tienda de dulces especializada en praliné. Puede comprarse en cajas aquí o probarse en helado en Sweet Saint (al lado). *10.00-18.00 ju-lu*

Hové Parfumeur

75 D5

Vetiver, azahar amargo, jengibre picante... Nueva Orleans lleva desde 1931 aportando sus aromas a los perfumes de Hové. *10.00-17.00 lu-sa, 11.00-17.00 do*

Faulkner House Books

véase 16 E3

Raras primeras ediciones y títulos nuevos en una librería elegante a la par que diminuta. *10.00-17.00*

Arte

Michalopoulos Gallery

76 C5

Un popular artista oriundo presenta aquí atractivas obras dominadas por músicos, casitas criollas y estampas callejeras. *10.00-17.00 lu-sa, 11.00-18.00 do*

Rodrigue Studio

77 E3

En la galería del desaparecido artista cajún George Rodrigue pueden verse los famosísimos cuadros *blue dog* ("perro azul"). *11.00-17.00 lu-sa, 12.00-17.00 do*

Harouni Gallery

78 E2

Nacido en Irán pero afincado en Nueva Orleans desde hace décadas, David Harouni firma cuadros de inquietante belleza surrealista. *11.00-17.00*

Gallery Burguieres

79 E3

El arte animalista de Ally Burguieres está lleno de elementos bellos y caprichosos, con Luisiana como telón de fondo. *10.00-17.00*

Sugerencias de lugares para comer, beber y comprar en **p. 69**

Explora
Marigny y Bywater

Cruzando Esplanade Ave se llega al primer barrio periférico de Nueva Orleans, Marigny y Bywater. Frenchmen St (con la mayor concentración de bares de música en vivo de la ciudad) es una parada indispensable. Siguiendo por calles como Burgundy, Royal o Dauphine, se verá cómo la zona cobra vida progresivamente con la proliferación de casas decoradas de forma creativa y murales que aparecen por doquier.

No menos curiosos son los establecimientos, que, aunque por fuera puedan parecer viviendas, acogen bares, cantinas, patios con *jazz*, galerías o viveros. Basta explorar para que, seguramente, se convierta en el barrio preferido del viajero.

Cómo desplazarse

A pie
Caminando –y dejándose llevar– es como mejor se aprecia esta zona.

Bicicleta
El Barrio Francés y Bywater quedan a menos de 20 min de trayecto. Se puede usar la *app* Blue Bikes Nola, el excelente sistema de alquiler de bicis eléctricas.

Aplicaciones de movilidad
La mejor opción para volver al Barrio Francés tras una noche de marcha por el Barmuda Triangle.

Jamnola, Cultura de Nueva Orleans (p. 62).
ASOLETTI/JAMNOLA

★

LO MEJOR

MÚSICA EN DIRECTO
Frenchmen St (p. 60)

SALA DE CONCIERTOS
Music Box Village (p. 63)

GALERÍA DE ARTE
StudioBE (p. 63)

PATIO GASTRONÓMICO
Bacchanal (p. 64)

ZONA VERDE
Crescent Park (p. 68)

A
B
C
D
1
2
3
4
5
6
N Galvez St
N Johnson St
N Prieur St
N Roman St
N Derbigny St
N Claiborne Ave
N Robertson St
N Villere St
Urquhart St
Marais St
Joseph Guillaume Pl
N Rampart St
Burgundy St
Dauphine St
Royal St
Chartres St
Decatur St
N Peters St
Marigny St
Mandeville St
Spain St
Music St
St Anthony Ave
Pauger St
Touro St
Frenchmen St
Elysian Fields Ave
St Roch Ave
Arts St
Franklin Ave
St Ferdinand St
St Claude Ave
Port St
Homer Plessy Way
Kerlerec St
Esplanade Ave
Dauphine St
Governor Nicholls St
Chartres St
ST ROCH
MARIGNY
BARRIO FRANCÉS
Río Misisipi
Washington Sq Park
Elysian Fields
French Market
Mudlark Theater 5
59
54
Siberia 17
No Dice Lounge 16
42
57
61
AllWays Lounge 11
50 25
34
35
Healing Center
21
Farrington-Smith Gallery
44
23
Bywater Museum of Unnatural History
49
41
12
Phoenix Bar
31
37
Big Daddy's Bar 13
51
Marigny Opera House 4
StudioBE 1
55
Frenchmen Street
24 Little Wing & Co.
46
56

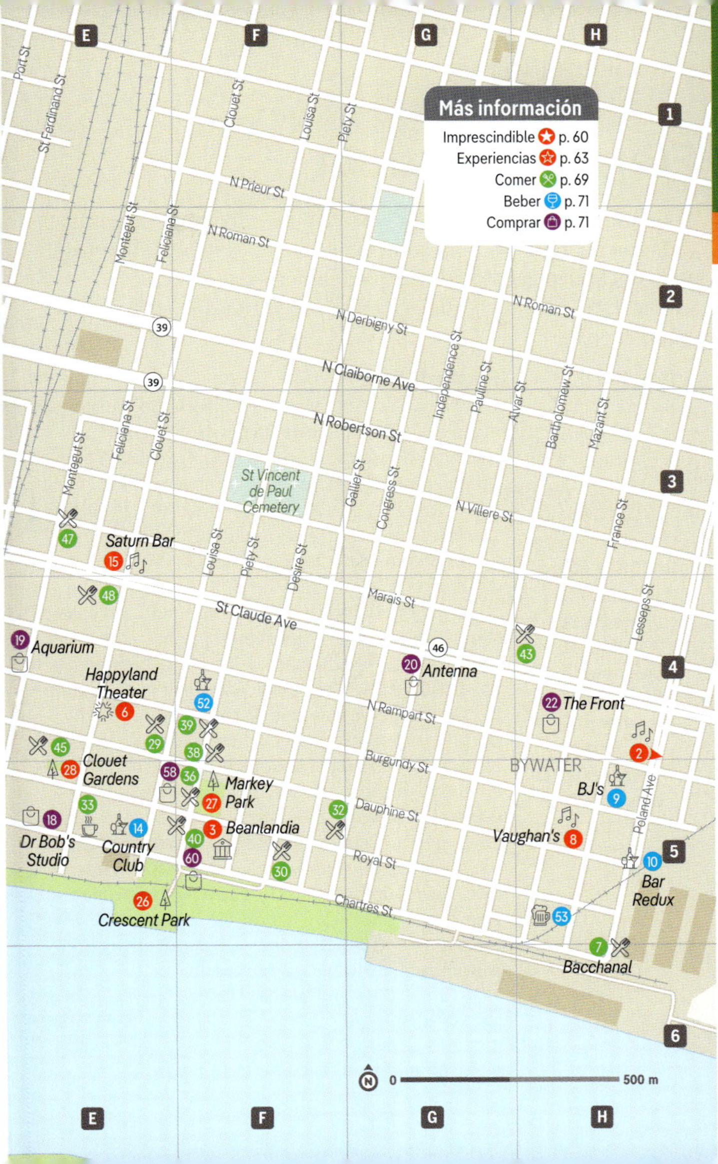
Más información
Imprescindible p. 60
Experiencias p. 63
Comer p. 69
Beber p. 71
Comprar p. 71
E
F
G
H
1
2
3
4
5
6
Port St
St Ferdinand St
Clouet St
Louisa St
Piety St
N Prieur St
N Roman St
Montegut St
Feliciana St
N Derbigny St
N Roman St
39
39
N Claiborne Ave
Independence St
Pauline St
Alvar St
Bartholomew St
Mazant St
N Robertson St
Feliciana St
Clouet St
Montegut St
St Vincent de Paul Cemetery
Gallier St
Congress St
N Villere St
France St
Saturn Bar
Louisa St
Piety St
Desire St
Marais St
St Claude Ave
Lesseps St
Aquarium
46
Antenna
Happyland Theater
N Rampart St
The Front
Burgundy St
BYWATER
Clouet Gardens
Markey Park
BJ's
Poland Ave
Dauphine St
Dr Bob's Studio
Country Club
Beanlandia
Vaughan's
Royal St
Bar Redux
Chartres St
Crescent Park
Bacchanal
0
500 m
N

★ IMPRESCINDIBLE

Frenchmen Street

Apodada “la otra Bourbon St”, esta calle se abarrota de gente cada noche, pero no por eso la experiencia es menos divertida en esta caótica cacofonía flanqueada por salas de música y aderezada con *jazz* callejero e incluso algún que otro piano sobre ruedas.

PLANO: P. 58 **B5**

CONSEJO
En la zona hay varios bares abiertos las 24 h, entre ellos **Checkpoint Charlie** (p. 71), una antigua lavandería donde, cada lunes por la noche, se ofrecen cortes de pelo.

Escanea este código QR para más información.

Fiesta de ‘jazz’

La primera sala de música en directo de Frenchmen abrió en 1976 como una forma de canalizar el exceso de visitantes del Barrio Francés. Siguieron muchos otros locales, y la calle enseguida se convirtió en el punto de referencia para aficionados y músicos locales. Y aunque hoy ya no es el lugar alternativo de antaño, sigue siendo sinónimo de diversión.

Lo mejor es dejarse llevar por el oído: no solo suena *jazz,* sino también *hip-hop, rock, bossa nova* y artistas que tocan hasta la saciedad “Valerie” en versión Amy Winehouse. También se puede ver a leyendas del *jazz,* como Kermit Ruffins, John Boutté o Jon Batiste. Las actuaciones de más cartel las acaparan **Snug Harbor** *(snugjazz.com; nº 626),* en activo desde la década de los años ochenta, y **d.b.a.** *(dbaneworleans.com; nº 618),* un proyecto en el que participan varias salas. **Spotted Cat** *(spottedcatmusicclub.com; nº 623),* **Blue Nile** *(bluenilelive.com; nº 532)* y **Cafe Negril** *(cafenegrilnola.com; nº 606),* además de haber salido en la serie *Treme* de HBO, son salas fantásticas que cobran una entrada más barata.

De compras

Para descansar de la música solo hay que encaminarse al nocturno **Art Garden** *(artgardennola.*

ANDRIY BLOKHIN/SHUTTERSTOCK

com; nº 613; 19.00-24.00, ju-do), un mercado con una de las mejores ofertas de arte y artesanía que incluye láminas psicodélicas, delicada joyería y muchos otros artículos. **Frenchmen Art & Books** *(frenchmenartandbooks.com; nº 600)*, abierto en 1978, es una de las primeras librerías de temática gay del Sur y vende un formidable repertorio de libros de historia local; abre hasta las 23.00, por si apetece ir entre copa y copa. Frenchmen se sume en una especie de letargo durante el día, pero si se está en la zona se recomienda acercarse a la **Louisiana Music Factory** *(louisianamusicfactory.com; nº 421)*, con una fantástica selección de vinilos y CD y arte local.

Gastronomía

Aunque Frenchmen es más conocida por la música, siempre cabe degustar un *brunch* o una cena con espectáculo. **Maison** *(maisonfrenchmen.*

UNA PAUSA

Para comer algo antes de dirigirse a Frenchmen St, el vistoso **Elysian Bar** (p. 71), en Burgundy St, sirve platos contundentes.

com; nº 508) ofrece animados *brunches* a ritmo de *jazz* (previa reserva) en los que participan bailarines de *swing*. **Three Muses** *(3musesnola.com; nº 536)* programa números de *jazz* a cargo de intérpretes femeninas y tiene una carta –escueta pero deliciosa– de clásicos locales y recetas coreanas (país de uno de los dueños). Si se busca algo grasiento para absorber el alcohol, **Dat Dog** *(datdog.com; nº 601)* sirve contundentes *hot dogs* (los hay de carne de caimán), además de tragos. **Ayu Bakehouse** *(ayubakehouse.com; nº 801),* calle arriba, es una panadería que elabora versiones de bocados locales; pruébense los colines de *muffaletta*.

Cultura autóctona

En una nueva ubicación desde enero del 2025, **Jamnola** *(jamnola.com; 30 US$)* es un laberinto de exposiciones creado por decenas de artistas que presenta todo aquello que conforma la cultura de Nueva Orleans. Reservando en línea una franja horaria, un guía se encargará de mostrar las distintas exposiciones, que versan sobre tradiciones de Luisiana, como la preparación de cangrejos de río o los indios del Mardi Gras.

De primera mano

Para enterarse de lo último en Marigny, o sencillamente para codearse con gente agradable, hay que acercarse a **Three Muses.** Más allá de sus cenas con *jazz,* este bar es un apacible refugio regentado por tres mujeres que son una mina de información. Pregúntese por los talleres de máscaras del Mardi Gras (oct-abr).

'SHOTGUN HOUSES'

En los aledaños de Frenchmen St se concentran multitud de *shotgun houses,* un tipo de vivienda estrecha, alargada y sin pasillos que surgió en Nueva Orleans en la década de 1840. Según dicen, su nombre se debe a que podría dispararse un arma y que la bala entrara por la puerta delantera y saliera por la trasera sin herir a nadie.

Descubrir arte en Bywater

ESTUDIO Y GALERÍA

PLANO: 1 P. 58 **D4**

Ocho años después del paso del Katrina, el oriundo Brandan "BMike" Odums y un grupo de creativos transformaron un edificio abandonado en 9th Ward en la galería de arte #ProjectBE. Con sus espráis insuflaron vida a una zona devastada de la ciudad, hasta que el ayuntamiento mandó demoler los edificios.

"BMike" expandió el proyecto en el 2016, convirtiéndolo en **StudioBE** *(studiobenola.com; 15 US$)*, una galería que contiene sus murales. Alojada en unos almacenes de Bywater, sus circuitos autoguiados son una emotiva experiencia que denuncia el racismo y envía un mensaje de esperanza de cara al futuro. Algunas de las obras las han firmado jóvenes locales con el apoyo de Eternal Seeds *(eternalseeds.com)*, la organización benéfica de StudioBE.

Crear sonidos experimentales

EXPERIENCIA INTERACTIVA

PLANO: 2 P. 58 **H4**

En las lindes de Bywater se sitúa una de las salas de conciertos más singulares del mundo. Ideada por un grupo de artistas, **Music Box Village** *(musicboxvillage.com, adultos/niños 15/7 US$)* no es un mero espacio que acoge actuaciones, sino un lugar que puede 'utilizarse' para crear música. Construido con metal, tuberías y madera –todo reciclado–, este complejo recuerda la película *Mad Max,* y todo emite diferentes sonidos. Se puede ir a trastear o asistir a una actuación en la que varios músicos colaboran para ofrecer una experiencia sonora inolvidable. Los conciertos suelen programarse los viernes por la noche y los sábados por la tarde. Muy recomendables son sus talleres musicales (p. ej., de *yembé*), los de fabricación de instrumentos y sus propuestas culinarias.

Ver una 'krewe' en acción

DESFILES DEL MARDI GRAS

Si se pregunta a un lugareño por su desfile de carnaval preferido, lo más probable es que responda que alguno de Marigny o Bywater. En estos barrios, suelen celebrarse antes del Mardi Gras y suponen una auténtica demostración de la suma capacidad creativa de la ciudad.

El lunes de carnaval, la **Krewe of Red Beans** ("de las alubias rojas") atrae –junto con **Mung Beans** y **Queer Beans,** de menor tamaño– a más de 15 000 espectadores a sus desfiles en tres ubicaciones: Marigny, Bywater y Bayou St John. Las *krewes* (comparsas) están integradas por participantes ataviados con trajes ornamentados con alubias, una idea que se remonta al año que su fundador,

LOS MEJORES ESPECTÁCULOS

AllWays Lounge

véase 11 P. 58 B3

Conocido tanto por sus divertidos espectáculos de *burlesque* como por sus monólogos, noches de *drags* y clases de baile.

Marigny Opera House

PLANO: 4 P. 58 D4

La Holy Trinity Catholic Church se convierte en escenario de danza, teatro y conciertos.

Mudlark Theater

PLANO: 5 P. 58 D3

Acoge toda clase de actuaciones independientes y alternativas, pero sobre todo se le conoce por su compañía de marionetas.

Café Istanbul

véase 25 P. 58 C3

En el Healing Center, programa eventos íntimos como recitales de poesía, conciertos y demás.

Happyland Theater

PLANO: 6 P. 58 E4

Un cine de barrio de 1914 renacido como espacio de artes escénicas.

Devin De Wulf, pasó en Brasil. En **Beanlandia** (PLANO: 3 P. 58 **F5**; *kreweofredbeans.org; adultos/residentes 20/15 US$*) se exhiben algunas de las prendas más llamativas de ediciones anteriores y, además, puede verse a algunos comparsas confeccionar sus trajes para el siguiente desfile.

La divertida y descarada **Krewe du Vieux** (*kreweduvieux.org*) se mofa tanto de la clase política como del manifiesto puritanismo de Luisiana. La intergaláctica **Krewe of Chewbacchus** (*chewbacchus.org*) y el centenar de cofradías que la conforman son otro gran reclamo de la temporada de carnaval: sus desfiles son un derroche de extravagancia friki dominados por carrozas de inspiración alienígena, *gokus* y princesas Leia.

Unirse a una fiesta en un patio

VINO, COMIDA Y MÚSICA

PLANO: 7 P. 58 H6

Bacchanal (*bacchanalwine.com*) es una experiencia inolvidable, única de esta ciudad. Tras la modesta entrada, se accede a una impresionante vinoteca que ofrece quesos de primera. Tras servirse un plato con encurtidos, mermeladas y tostadas, se va hacia el patio trasero, donde actúan bandas de *jazz*. También se pueden comer dátiles envueltos en beicon, gambas o pollo confitado. Y por si fuera poco, en el piso alto hay una coctelería que sirve vino por copas.

De copas por el triángulo de las Bermudas

RUTA DE BARES

Tranquilo de día, el borde oriental de Bywater se activa cada noche al abrir algunos de los mejores bares de la ciudad. Una vez visto Bacchanal, toca adentrarse en lo que se conoce como el Barmuda Triangle para empaparse de su seductor ambiente copa en mano. **Vaughan's** (PLANO: 8 P. 58 **H5**; *@vaughansloungenola*), abierto en 1959, hace gala de un ambiente festivo acrecentado por los colores del Mardi Gras y las guirnaldas mexicanas. Cada miércoles, el conjunto de cuerda italiano Glow Worm Trio toca valses y polcas; los jueves son para el *funk* y las alubias rojas.

BJ's (PLANO: 9 P. 58 **H5**; *@bjs lounge*) se anuncia como la sala de estar del barrio, con una completa programación de música en directo, reforzada con las actuaciones estelares mensuales de la leyenda del *blues* Little Freddy King (plasmado en el mural de fuera).

Un letrero de neón conduce al **Bar Redux** (PLANO: 10 P. 58 **H5**; *@barreduxnola*), otro bar con música en vivo en su jardín y cocina criolla.

Respirar ambiente festivo LGTBIQ+ BARES Y 'BRUNCHES'

Nueva Orleans es desde antiguo refugio de quienes se desmarcan de los patrones heteronormativos, y Marigny y Bywater son lugares donde todo el mundo es bienvenido. **AllWays Lounge** (PLANO: 11 P. 58 **B3**; *theallwayslounge.net*), de dirección femenina, acoge cada noche un cartel de espectáculos *burlesque*, estriptís, *drags* y clases de baile. El espectáculo Van Ella Bordella Burlesque, sexi, divertidísimo e informativo, cuenta la historia de Storyville, el antiguo barrio rojo de Nueva Orleans.

Ambos barrios también acogen unos cuantos bares de ambiente, entre ellos **Phoenix Bar** (PLANO: 12 P. 58 **B4**; *phoenixbarnola.com*), un bareto abierto 24 h los 365 días del año que apunta a gais vestidos de cuero; y **Big Daddy's** (PLANO: 13 P. 58 **C4**), popular y agradable local con billar.

Pasear con espectros célebres CIRCUITO A PIE

Marcus Shacknow encabeza **Walking with the Gay Ghosts of New Orleans** (*@ms.marcusaustin__*), circuitos a pie por el barrio en los que se cuentan historias de personajes históricos LGTBIQ+ cuyo espíritu aún persiste en estas calles. Se realizan exclusivamente durante fiestas como el Southern Decadence, el Mardi Gras o Halloween.

Disfrutar de un 'brunch' con 'drags' GASTRONOMÍA Y OCIO

PLANO: 14 P. 58 **E5**

Celebrados los fines de semana en una bella finca de Bywater, los *brunches* amenizados por *drags* del **Country Club** (*thecountryclubneworleans.com*) son una atracción con mucho tirón desde hace más de una década. Hay que reservar con antelación, aunque a veces pueden hacer un hueco junto a la barra, por más que en la web figure como "completo". Puede que haya mejores *drag brunches*, pero el Country Club tiene el aliciente de que uno podrá relajarse en su piscina de agua salada y sauna *(pase de 1 día, 20 US$).*

Escuchar música en vivo en St Claude
RUTA DE BARES

Muchos visitan Nueva Orleans por el *jazz,* pero descubren otros muchos géneros. En St Claude Ave se aglutinan muchas salas en las que suenan artistas de lo más variados. **Saturn Bar** (PLANO: 15 P. 58 **E3**; *thesaturnbar.com*) es una pequeña pero interesante propuesta con música de toda clase, desde disco hasta *funk* pasando por soul. La Mod Dance Party es una nostálgica noche de baile en la que se revive la década de 1950.

Otro favorito de St Claude es **No Dice Lounge** (PLANO: 16 P. 58 **B3**; *@nodicenola*), antes Hi Ho Lounge, que acoge noches de *hip-hop,* punk, *bluegrass* y bandas de metales. Cada tanto acuden los indios del Mardi Gras. Es genial también por sus historias en vivo y monólogos.

Siberia (PLANO: 17 P. 58 **B3**, *siberianola.com*) goza de fama por sus atronadores espectáculos de bandas de metales, aunque también suenan grupos de punk e *indie,* entre otros géneros. Pruébese la comida del puesto itinerante Que Pasta, con opíparos sándwiches y pupusas bien cargadas.

Ver arte popular
ESTUDIO DE ARTE

PLANO: 18 P. 58 **E5**

A pesar de que el oficioso eslogan de la ciudad "Be Nice or Leave" ("Sé bueno o vete") puede verse en carteles repartidos por toda la localidad, su origen está aquí, en Bywater, para más señas en **Dr Bob's Studio** *(@drbobart).* Superados los estrafalarios monstruos y atrevidas frases junto a la entrada, se llega al estudio del famoso artista, donde Dr Bob y su compañera Lisa venden cuadros psicodélicos de músicos legendarios con marcos salpicados de chapas y adornados con símbolos locales como caimanes o humedales. Se venden muchos de los letreros con el famoso eslogan.

Descubrir la escena de arte alternativo
CIRCUITO A PIE

A diferencia del Barrio Francés, Marigny y Bywater están llenos de fantásticos murales firmados por soberbios artistas locales e

LA ARQUITECTURA DE MARIGNY

Casi todas las viviendas de Marigny –muchas de ellas casitas criollas erigidas en la década de 1800 por inmigrantes franceses y libertos– están pintadas en coquetos tonos pastel y lucen toques decorativos. Estos hogares suelen contar con cuatro estancias interconectadas entre sí, todas con una apertura a un lado de la casa para favorecer la corriente.

LIBERTOS

Mucho antes de la Guerra de Secesión, Nueva Orleans tenía la mayor población de libertos, personas negras libres, del Sur. Los esclavos que aprendían un oficio a menudo podían ofrecer sus servicios en su tiempo libre, lo que les permitiera ganar suficiente dinero para comprar su libertad. Bajo el control francés, y muy especialmente durante la época española, la gente libre de color disfrutaba de un grado de aceptación bastante elevado y podía establecer comunidades prósperas. Sin embargo, hacia mediados del s. XIX se enfrentaron a una creciente opresión y muchos huyeron al norte antes del estallido de la contienda en 1861.

internacionales, incluido uno del que quizá se haya oído hablar: Banksy. Para saberlo todo sobre el arte que decora los muros, calzadas y postes telefónicos de estos barrios, lo mejor es hacer un circuito con **NOLA Art Walk** *(@nolaartwalk; 30 US$)*. Tyler Van Dyke y su equipo están especialmente versados en el panorama grafitero local y, a veces, colaboran con artistas que imparten talleres.

Acometer una ruta de arte GALERÍAS

Marigny y Bywater engloban multitud de pequeñas galerías y estudios de arte, sobre todo en St Claude Ave. Normalmente no abren al público, a menos que se concierte cita; sus exposiciones pueden verse gratis el segundo sábado de mes (18.00-21.00).

Algunas galerías afianzadas son: **Aquarium** (PLANO: 19 P. 58 **E4**; *@aquariumgallery; con cita 504-982-0314*), un colectivo de artistas instalado en una histórica casa de Bywater; **Antenna** (PLANO: 20 P. 58 **G4**; *antenna.works*), uno de los colectivos de arte de mayor tradición y tamaño; **Farrington-Smith Gallery** (PLANO: 21 P. 58 **A4**; *farringtonsmithgallery.com*), con obras realizadas por el extenso círculo de amigos del dueño; **The Front** (PLANO: 22 P. 58 **H4**; *nolafront.org*), con arte ecléctico y un bar en el patio; y el **Bywater Museum of Unnatural History** (PLANO: 23 P. 58 **C4**; *thebmuh.com*), una sala llena de curiosidades y dioramas galardonados.

¡Hey, Stella! LEGADO CINEMATOGRÁFICO

PLANO: 24 P. 58 **B5**

En *Un tranvía llamado Deseo,* de Tennessee Williams, Blanche DuBois conduce un tranvía y vive temporalmente con su hermana Stella y su esposo Stanley. La dirección de la casa donde Stanley grita desconsolado es el nº 632 de Elysian Fields Ave, en Marigny. El edificio acoge hoy la tienda *vintage* **Little Wing & Co.** Sin embargo, antes de aparecer por allí y gritar *¡Stella!,* conviene saber que si la vivienda en cuestión no se parece a la de la película es porque en verdad la escena se rodó en California. Se recomienda reservar las dotes interpretativas para el anual Tennessee Williams Literary Festival (mar), que acoge un concurso de gritos.

Sentir el poder de la comunidad

TIENDAS, YOGA Y VUDÚ

PLANO: 25 P. 58 C3

Tras el paso del huracán Katrina, la población local pensó diferentes maneras de emplear los fondos destinados a la recuperación no solo para reconstruir la ciudad, sino para crear una comunidad sostenible. Una de las ideas propuestas fue la construcción del **Healing Center** *(neworleanshealingcenter.org)*, un edificio repleto de arte, inaugurado en el 2011, que viene a ser una amalgama de negocios y servicios dirigidos a cubrir las necesidades económicas, espirituales, emocionales, psicológicas, físicas y culturales de la comunidad. Eso se traduce en la creación de un supermercado-cooperativa, una peluquería de bajo coste, un estudio de yoga, un gimnasio, la **Second Story Gallery** *(secondstorygallerynola.org)*, así como una tienda de parafernalia vudú y *new age*, y la **Island of Salvation Botanica** *(islandofsalvationbotanica.com)*.

Dar un garbeo por Greenery

PARQUES Y RIBERA

El **Crescent Park** (PLANO: 26 P. 58 **E5**) es uno de los lugares favoritos de la ciudad para trotar, pasear o sencillamente disfrutar de un rato de tranquilidad mientras se contempla el Misisipi. Se accede por el enorme Rusty Rainbow (un puente en forma de arco en el cruce de Piety St y Chartres St, o junto a Marigny St y N Peters St). Un paseo de 2,25 km discurre entre aromáticos jardines y un 'muelle' conceptual de metal y hormigón situado junto a las ruinas de un antiguo muelle.

Otro enclave destacado es el **Markey Park** (PLANO: 27 P. 58 **F5**), con una zona infantil y un gran parterre de césped para que correteen los peques.

A pocas manzanas se halla un antiguo descampado transformado por los vecinos de Bywater en los **Clouet Gardens** (PLANO: 28 P. 58 **E5**), un parquecito lleno de murales y muy del gusto de las familias locales; suele acoger actuaciones, conciertos y encuentros vecinales.

Localizaciones en el plano de la **p. 58**

Lo mejor para...

$ Económico $$ Medio $$$ Bajo

Comer

Desayunos y panaderías

Alma $$
29 E4
Pese al bombo publicitario, son muy recomendables tanto el *brunch* como la cena de los viernes cortesía de una galardonada chef hondureña. *8.00-15.00 a diario, 17.00-22.00 vi*

Elizabeth's $$
30 F5
Copiosos desayunos sureños contra la resaca y con el arte decorativo de Dr Bob. *8.00-14.30 ju-ma*

Ayu Bakehouse $
31 B4
Repostería típica de Luisiana. *8.00-15.30 mi-do, hasta 14.00 lu y ma*

Bywater Bakery $
32 F5
Punto de encuentro local con delicias horneadas y música en vivo los fines de semana. *8.00-15.00 ma-lu*

Cafés

Petite Clouet Cafe $
33 E5
Perritos y humanos adoran este café de barrio. Rico café, tentempiés y wifi. *7.00-17.00*

Honey's $
34 C3
Estilosa apuesta de ambiente *vintage* donde mimarse con sabrosos *bagels* y café de especialidad. *7.00-21.00 ma-sa, hasta 15.00 do y lu*

St Coffee $
35 D3
Café, burritos y dónuts de desayuno, engalanado con el fotogénico mosaico de un santo. *7.00-16.00*

Satsuma $
36 F5
Bohemio café de ladrillo visto, con un sombreado jardín y sándwiches. *8.00-14.00*

'Comfort food', 'pizzas' y hamburguesas

Buffa's $$
37 A4
Fundado en 1939, sirve hamburguesas y clásicos regionales como *boudin balls* y alubias rojas. *10.00-2.00*

Frady's $
38 F4
Desayunos, *po'boys* y otros platos en una tienda de comestibles invariable desde 1972. Solo efectivo. *7.30-15.00 lu-vi, desde 10.00 sa*

Sneaky Pickle $$
39 F4
Macarrones gratinados, *reubens* de *tempeh* ahumado y micheladas de zumo de zanahoria en un *pub* vegano. *11.00-21.30 mi-lu*

Pizza Delicious $$
40 F5
Antiguo taller que tienta con *pizzas* estilo Nueva York y pasta. *11.30-21.00 ma-ju y do, to 22.00 vi y do*

Original Slap Burger $
41 C4
Smash burgers con ricas salsas, en el Marie's Bar. *17.00-22.00 lu-ju, 12.00-24.00 vi y do, 12.00-21.00 do*

Elysian Bar.
JOEL BALSAM/SHUTTERSTOCK

Cocina internacional

St Roch Market $$

42 C3

Platos cubanos, italianos, malasios y demás en una zona de restauración en un mercado de 1875. *7.00-21.00 do-ju, hasta 22.00 vi y do*

Jamaican Jerk House $$

43 H4

Cecina de pollo y rabo de buey; muy exitoso. *11.30-18.00 ma-ju, hasta 21.00 vi y do, 12.00-16.00 do*

Budsi's $$

44 A4

Una chef del norte de Tailandia comparte su recetario en lo que antes era una iglesia. *11.00-21.00 do-ju, hasta 22.00 vi y sa*

Alta cocina

Acamaya $$$

45 E4

Recibe estupendas críticas por las creaciones marineras de su chef mexicana. *17.00-21.30 ju-lu*

Paladar 511 $$$

46 C5

El lugar ideal si apetece cocina italiana. *17.30-21.30 a diario, 10.00-14.00 sa y do*

N7 $$$

47 E3

Memorables tapas francesas y japonesas servidas en un romántico jardín. *17.00-21.00 lu-ju, 11.30-14.30 y 17.00-22.00 vi-do*

Saint-Germain $$$
48 E4
Menú degustación de 10 pasos al más puro estilo Michelin; como colofón, tómese una copa en el patio. *17.00-23.00 ju-lu*

Beber

Cócteles y comida

Elysian Bar
49 C4
Bar de hotel de exquisita estética. *7.00-23.00 do-ju, hasta 24.00 vi y do*

Bar Pomona
50 C3
Tienda de mermeladas, coctelería y bar con *brunch* el fin de semana. *16.00-21.00 ju, vi y lu, 10-21.00 sa, 10.00-14.00 do*

Clásicos de barrio

Anna's
51 D4
Toda una institución local: cócteles, creaciones culinarias cambiantes y fiestas temáticas en una mansión criolla. *16.00-2.00 lu-vi, desde 12.00 sa y do*

Bud Rip's
52 F4
Veterano bareto que atrae a una clientela moderna. Excelentes *pop-ups* gastronómicos. *15.00-3.00 do-vi, desde 13.00 sa*

Parleaux Beer Lab
53 H5
Magnífica oferta de cervezas artesanas, algunas elaboradas con fruta de cultivo propio. *15.00-21.00 lu-ju, 12.00-22.00 vi y do, 13.00-20.00 do*

Faubourg Wines
54 D3
Asequibles vinos clásicos y modernos que pueden descorcharse por 2 US$. Hay catas los miércoles 17.00-19.00. *12.00-19.00 ma-do*

Baretos

R Bar
55 A5
La clientela inunda la calle en esta inevitable parada junto al Barrio Francés. *15.00-3.00 lu-ju, hasta 5.00 vi, 12.00 hasta 5.00 sa, hasta 3.00 do*

Checkpoint Charlie
56 B5
Sus cortes de pelo los lunes por la noche no tienen parangón. *24 h*

Comprar

Tiendas únicas

She Comes in Peace
57 B3
Insólito híbrido de peluquería y tienda de disfraces. *12.00-18.00 ma-ju, 10.00-18.00 vi-sa*

Bywater Bargain Center
58 E5
Prendas *vintage*, discos baratos, antigüedades, baratijas y alebrijes oaxaqueños. *11.00-18.00 ju-lu*

We Bite
59 D3
Plantas carnívoras y talleres para saber cuidarlas. *10.00-17.00 ma-do*

Libros y discos

Euclid Records
60 F5
Emblemática tienda de vinilos con clásicos del *jazz* y mucho más. *11.00-18.00*

Baldwin & Co
61 B3
Café-librería que pone énfasis en los autores afrodescendientes y, además, acoge el lanzamiento de libros. *7.00-18.00*

Sugerencias de lugares para comer y beber en **p. 87**

Explora
CBD y Warehouse District

Dominado por rascacielos y anchas calles congestionadas, el Central Business District (CBD) aún atesora –pese a todo– un puñado de edificios históricos, sobre todo cerca de Lafayette Square, en su día corazón del antiguo barrio de Faubourg St Mary, una de las primeras zonas en edificarse una vez el Barrio Francés empezó a quedarse pequeño. En el s. XIX se convirtió en el American Sector, el lugar predilecto de los recién llegados tras materializarse la compra de Luisiana. Anejo al CBD se halla el Warehouse District. Otrora asociado al comercio portuario y a la industria manufacturera, sus edificios están hoy ocupados por galerías y museos que conforman el pujante Arts District.

Cómo desplazarse

A pie

Esta zona es fácil de explorar a pie: al WWII Museum o el Ogden hay menos de 1,5 km desde Canal St, en el Barrio Francés.

Bicicleta

Por el CBD abundan las estaciones de Blue Bikes Nola; para saber su ubicación, descárguese la *app*.

Tranvía

Los de St Charles y Canal circulan por las calles del mismo nombre. El de Riverfront une el Barrio Francés con la Outlet Collection, en Riverwalk. Y el de Rampart enlaza la Union Passenger Terminal con Elysian Fields Ave.

Perfil urbano del CBD de noche.
SEAN PAVONE/SHUTTERSTOCK

★

LO MEJOR

HISTORÍA INMERSIVA
National WWII Museum (p. 76)

COLECCIÓN DE ARTE
Ogden Museum of Southern Art (p. 80)

ENCUENTROS CON FAUNA
Audubon Aquarium (p. 80)

EXPERIENCIA DEPORTIVA
Caesars Superdome (p. 81)

PANORAMA
Vue Orleans (p. 85)

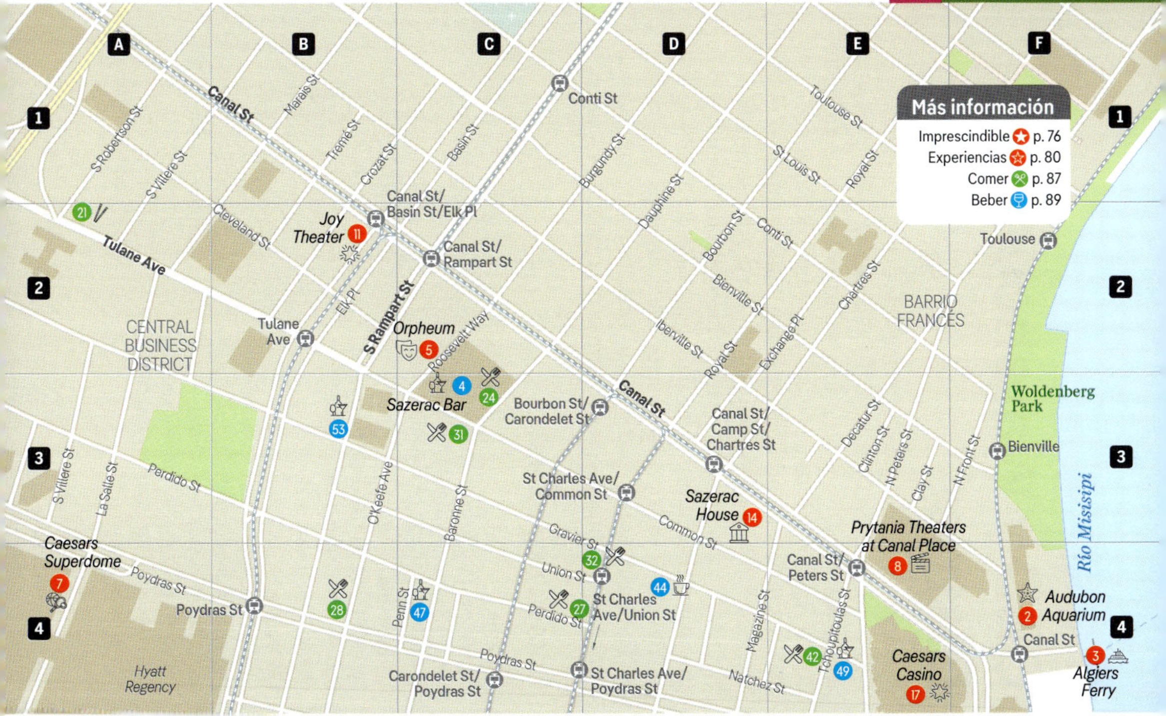
Más información
Imprescindible p. 76
Experiencias p. 80
Comer p. 87
Beber p. 89
Canal St
Conti St
Toulouse St
St Louis St
Royal St
Marais St
Tremé St
Crozat St
Basin St
Burgundy St
Dauphine St
Bourbon St
Conti St
Bienville St
Chartres St
S Robertson St
S Villere St
Cleveland St
Canal St/ Basin St/Elk Pl
Joy Theater
Canal St/ Rampart St
Toulouse
Tulane Ave
BARRIO FRANCÉS
Iberville St
Exchange Pl
Royal St
Elk Pl
S Rampart St
Orpheum
Roosevelt Way
Tulane Ave
CENTRAL BUSINESS DISTRICT
Sazerac Bar
Bourbon St/ Carondelet St
Canal St
Canal St/ Camp St/ Chartres St
Woldenberg Park
Decatur St
Clinton St
N Peters St
Clay St
N Front St
Bienville
S Villere St
La Salle St
Perdido St
O'Keefe Ave
Baronne St
St Charles Ave/ Common St
Sazerac House
Common St
Prytania Theaters at Canal Place
Río Misisipí
Gravier St
Union St
Canal St/ Peters St
Caesars Superdome
Poydras St
Poydras St
Penn St
Perdido St
St Charles Ave/Union St
Magazine St
Tchoupitoulas St
Audubon Aquarium
Canal St
Hyatt Regency
Carondelet St/ Poydras St
Poydras St
St Charles Ave/ Poydras St
Natchez St
Caesars Casino
Algiers Ferry

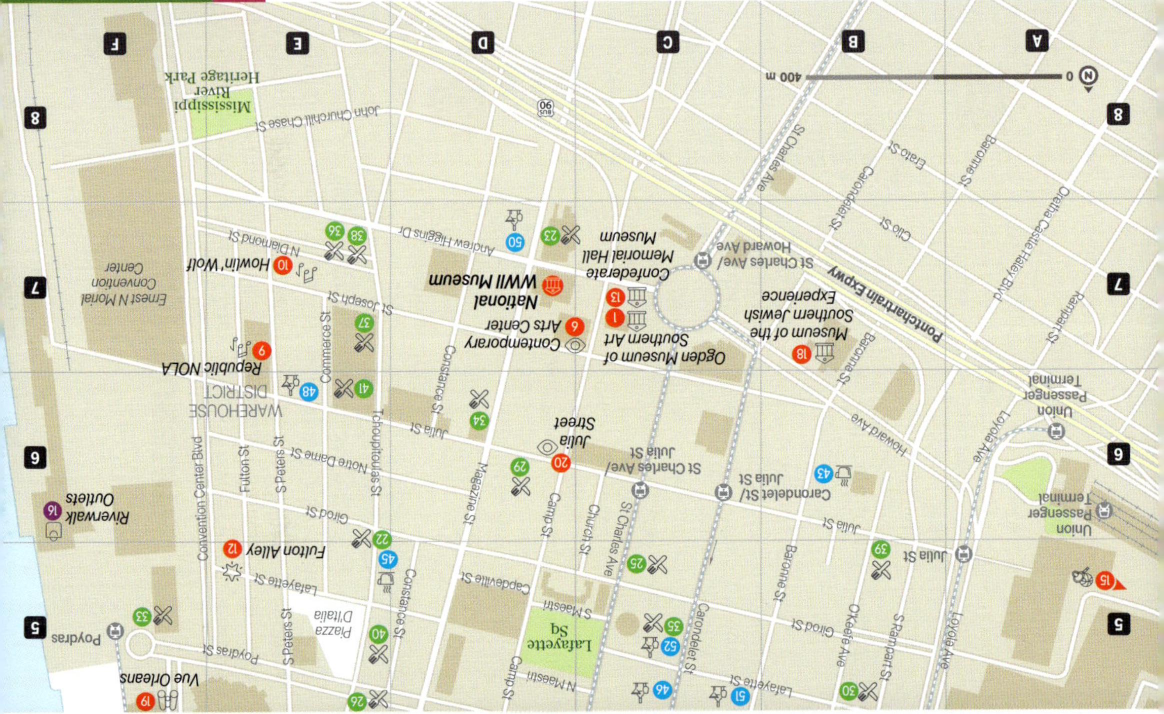
Riverwalk Outlets
Vue Orleans
Poydras
Convention Center Blvd
Fulton St
S Peters St
Fulton Alley
Lafayette St
Piazza D'Italia
Girod St
Notre Dame St
WAREHOUSE DISTRICT
Republic NOLA
Commerce St
Tchoupitoulas St
Constance St
Julia St
Magazine St
Camp St
Capdeville St
Lafayette Sq
N Maestri
S Maestri
Church St
St Charles Ave
Julia Street
St Charles Ave/ Julia St
Carondelet St
Carondelet St/ Julia St
Baronne St
O'Keefe Ave
S Rampart St
Loyola Ave
Union Passenger Terminal
Howard Ave
Ogden Museum of Southern Art
Contemporary Arts Center
National WWII Museum
Confederate Memorial Hall Museum
St Charles Ave/ Howard Ave
Museum of the Southern Jewish Experience
Pontchartrain Expwy
St Joseph St
Andrew Higgins Dr
N Diamond St
Howlin' Wolf
Ernest N Morial Convention Center
John Churchill Chase St
Mississippi River Heritage Park
Erato St
Clio St
Oretha Castle Haley Blvd
Rampart St
0
400 m
A
B
C
D
E
F
5
6
7
8

★ IMPRESCINDIBLE

National WWII Museum

Alojado en un sensacional complejo, este museo y el exhaustivo análisis que ofrece harán que el visitante se sumerja de lleno en la historia del mayor conflicto bélico de la historia. Sus enormes fotografías capturan la confusión del Día D, los relatos de supervivientes emocionan, las experiencias inmersivas atrapan y los diferentes artefactos y estrategias de guerra educan.

PLANO: P. 74 **D7**

CONSEJO

El museo organiza visitas guiadas que brindan una percepción más profunda de la II Guerra Mundial. Un circuito guiado de 2 h cuesta 30 US$ adicionales, mientras que el "Into the Vault" da acceso a una muestra de objetos rara vez exhibida *(225 US$)*. Reservas en línea.

Escanea este código QR para precios, horarios y eventos especiales.

El camino a Berlín

Las exposiciones se exhiben en varios pabellones. La muestra *Road to Berlin* documenta desde las primeras batallas en el norte de África a los durísimos combates a las puertas de la capital alemana. La experiencia multimedia recrea varios escenarios bélicos que evocan los enclaves (pueblos desmoronados, gélidos bosques) y sonidos (explosiones, fuego de artillería) a los que estaban expuestas las tropas aliadas. El visitante se hará una idea del paisaje desértico de Túnez en las campañas lanzadas para posicionarse en el Mediterráneo antes de asaltar Sicilia y de la conquista de Palermo. Las escenas de batallas aéreas incluyen relatos de los aviadores, además de proyecciones y objetos personales.

El camino a Tokio

Road to Tokyo plasma el teatro de operaciones del Pacífico en un recorrido que empieza en los días posteriores al ataque de Pearl Harbor y culmina con la rendición incondicional de Japón en la bahía de Tokio. Una réplica del puente del *USS Enterprise* ofrece una visión (por medio de pantallas de vídeo) de las naves que despegaban sobre aguas enemigas. Otra sección lleva a la jungla de Guadalcanal, en las islas Salomón, durante el primer asalto terrestre llevado a cabo por tropas estadounidenses. La

RITU MANOJ JETHANI/SHUTTERSTOCK

visita finaliza con la horripilante campaña de bombardeos sobre Japón y el uso de armas atómicas en Hiroshima y Nagasaki.

Más allá de todo límite

De obligado visionado es *Beyond All Boundaries,* una conmovedora producción de 48 min (proyectada en una pantalla de 35 m cada hora, a diario, 10.00-16.00) en la que Tom Hanks, su ilustre narrador, detalla la participación de EE UU en la contienda.

Última misión

Final Mission es una experiencia inmersiva que lleva al visitante a bordo del submarino *USS Tang.* En medio del humo y el sonido de explosiones, se podrán imaginar las complejidades y los peligros de la guerra submarina durante una misión de vigilancia en 1944.

UNA PAUSA
Hay seis restaurantes, entre ellos el **Rosie's on the Roof** (p. 89). La nostálgica **Jeri Nims Soda Shop** *(8.00-15.00)* sirve desayunos, sándwiches y batidos.

CIRCUITO A PIE

Arte y arquitectura del CBD

Elegantes parques, esculturas públicas e impresionantes edificios decimonónicos salpican el segundo barrio más antiguo de la ciudad, antiguamente conocido como American Sector. A lo largo de esta ruta uno se topará con vestigios del pasado, desde una imponente catedral y el antiguo consistorio a creativas obras de arte que recuerdan a las víctimas del huracán.

INICIO	FINAL	DURACIÓN
Gallier Hall	Scrap House	1,5 km; 1½ h

1 Antiguo ayuntamiento

Construido en 1853 por el arquitecto James Gallier Sr, el neoclásico **Gallier Hall,** en St Charles Ave, fue el ayuntamiento de Nueva Orleans hasta ser reemplazado, en la década de 1950, por su sede actual, a pocas manzanas de distancia. Solo abre para actos privados y es un lugar clave para los desfiles del Mardi Gras.

2 Plaza ajardinada

La arrebatadora **Lafayette Square** parece un trocito de Europa. Conocida originalmente como Place Gravier, fue rebautizada en honor al marqués de La Fayette tras su visita a Nueva Orleans en 1825. Cada año acoge conciertos vespertinos gratis (med mar-med may).

3 Esplendor eclesiástico

No lejos se alza la imponente **St Patrick's Church,** otra obra cumbre de James Gallier Sr, quien asumió la dirección del proyecto después de que otros dos arquitectos fueran incapaces de solventar los problemas que plantea el terreno pantanoso en que se encuentra. Construida a imagen y semejanza de la catedral de Exeter, su sobria fachada neogótica esconde un exuberante interior. Detrás del altar pueden verse los murales pintados en 1841 por un joven Leon Pomarede.

4 Referente para invidentes

Uno de los edificios más insólitos del CBD es el **Camp Street Lighthouse.** Erigida en la década de 1920, en pleno furor de la arquitectura novedosa, la estructura tomó como modelo el faro del lago Pontchartrain y funcionó como taller de escobas, proporcionando empleo a vecinos con discapacidad visual.

5 Barrio artístico

Torciendo a la izquierda por Julia St se llega al epicentro del Arts District, con más de una docena de galerías alojadas en vetustos edificios de ladrillo. **Arthur Roger Gallery,** una de las más prominentes, representa a numerosos artistas sureños. Se llevan la palma las obras de Demond Melancon, un jefe indio del Mardi Gras que hace elaborados parches y chaquetas con cuentas. También se verán piezas de Jacqueline Bishop que promueven el respeto por el medio ambiente o las escenas de humedales realizadas con materiales naturales por el cajún Jonathan Mayers.

6 Recordando el Katrina

Atravesando el pequeño **Mississippi River Heritage Park** se da con una placita que custodia *Scrap House,* una de las esculturas públicas más evocadoras de la ciudad: una maltrecha casita de madera encaramada a un roble, con la que rinde tributo a las víctimas del huracán Katrina. Sally Heller, su creadora, empleó íntegramente materiales reciclados.

EXPERIENCIAS

Visitar el Ogden Museum of Southern Art

MUSEO DE ARTE

PLANO: 1 P. 74 C7

El fascinante **Ogden** *(ogdenmuseum.org; adultos/niños 11/6 US$)* atesora una impresionante colección de arte que arroja luz sobre aspectos únicos concernientes a la complejidad del Sur. Desde fotografía urbana a olvidadas comunidades de los Apalaches, sus exposiciones rotativas siempre mueven a reflexión.

Sito en un edificio de cinco plantas, lo mejor es comenzar desde la parte superior e ir descendiendo.

La 3ª planta la ocupa la colección permanente. Sus primeros retratos, fechados del s. XVIII, incluyen exquisitas obras de los artistas franceses Jean Joseph Vaudechamp y Jacques Amans, seguidos de lienzos de Paul E. Poincy, el pintor más celebrado a finales de la década de 1800 en la ciudad. El s. XIX fue también un punto culminante para la pintura paisajista en el Sur, con hermosos atardeceres sobre *bayous* y hechizantes paisajes rurales; véase el emblemático *Uptown Street* (1890), de Lulu King Saxon.

Visítese la web para información sobre los frecuentes eventos.

Observar pingüinos

ACUARIO

PLANO: 2 P. 74 F4

En el **Audubon Aquarium** *(audubonnatureinstitute.org; adultos/niños 40/35 US$)* pueden verse unos 3600 animales de más de 250 especies en espacios dedicados al río Misisipi, el golfo de México, el Caribe y la Amazonia.

El impresionante Great Maya Reef posee un túnel de 10 m de longitud que cruza una ciudad maya sumergida habitada por un hervidero de peces. También hay una colonia de pingüinos, una sala de caballitos de mar, una zona táctil y tanques de fantasmagóricas medusas misteriosamente iluminados. En la sección dedicada al Misisipi, no hay que perderse el caimán blanco, junto con las ranas, tortugas y otras criaturas de los *bayous*. Más sorprendente si cabe es la parte dedicada a la Amazonia, donde no faltan tucanes, perezosos y pirañas. La atracción estrella es el tanque de 1500 l consagrado al golfo de México, hogar de tiburones, rayas, tortugas marinas y peces descomunales.

El acuario, bastante compacto, puede verse en 1½ h. Como miembro de la Asociación de Zoológicos y Acuarios (AZA), cumple estrictas normas para garantizar el bienestar animal.

Navegar hasta Algiers

TRAVESÍA EN FERRI

PLANO: 3 P. 74 F4

Para disfrutar de una experiencia por el río sin el alboroto (y el precio) de una excursión organizada, nada supera al **Algiers Ferry** *(peatones y ciclistas ida 2 US$),* que zarpa cada 30 min de la parte de Canal St más próxima al río. La travesía, que dura unos 10 min, brinda excelentes vistas del Barrio Francés mientras surca las enlodadas aguas del río. Una vez en la margen opuesta, se puede recorrer el Mississippi River Trail, que avanza sobre un dique, o pasear por las calles del histórico barrio de Algiers Point, con una parada para cargar pilas en el **Barracuda Taco Stand.**

Tomar algo en un clásico de 1930

COCTELERÍA

PLANO: 4 P. 74 C3

Atravesar el refinado vestíbulo del Roosevelt Hotel hacia el lustroso **Sazerac Bar** *(therooseveltneworleans.com)* es como trasportarse a otra época. Con sus murales *art déco,* iluminación tenue y fastuosos sofás, el Sazerac trae a la memoria el melancólico ambiente de los años treinta. Hay que pedir al barman que señale el agujero de bala en la pared. Según dicen, se originó durante un intento de asesinato del entonces gobernador de Luisiana, Huey Long, quien terminaría asesinado a manos de un pistolero en Baton Rouge. En realidad, la marca fue causada por el disparo accidental de un revólver de seis tiros cuando un grupo de petroleros texanos borrachos se divertía en el bar en 1938.

Asistir a un concierto en el Orpheum

SALA DE ACTUACIONES

PLANO: 5 P. 74 C2

Inaugurado en 1921 y hoy bellamente restaurado, el **Orpheum** *(orpheumnola.net; entradas desde 35 US$)* es una joya *beaux arts* que ha tenido numerosos usos: teatro de vodeviles, cine y, ahora, sede de la Louisiana Philharmonic Orchestra. También acoge *ballet,* conciertos de *jazz* y R&B. Se recomiendan las proyecciones de películas con música en vivo a cargo de una orquesta y la Taylor Rave: un concierto a medianoche en el que se interpretan versiones bailables de Taylor Swift.

Ver a artistas pioneros

EXPOSICIONES Y ACTUACIONES

PLANO: 6 P. 74 D7

Aun siendo bastante modesto por fuera, el **Contemporary Arts Center,** conocido como CAC *(cacno.org; adultos/niños 10 US$/gratis)* presume de un espectacular interior acentuado por techos altos y toques de madera y metal, un fantástico marco para la programación multidisciplinar que alberga. Las muestras se inclinan hacia provocadoras temáticas relacionadas con la justicia social. También ofrece proyecciones de películas, espectáculos de baile, conciertos, actuaciones de artistas residentes e interesantes coloquios. Una parada esencial para explorar el panorama artístico de Warehouse District.

EL MEJOR OCIO DEL CENTRO

Prytania Theaters at Canal Place

PLANO: 8 P. 74 **E4**

Cine con nueve salas donde ver taquillazos, clásicos y películas independientes.

Republic NOLA

PLANO: 9 P. 74 **E7**

Atractivo antiguo almacén remodelado que acoge conciertos de lo más eclécticos.

Howlin' Wolf

PLANO: 10 P. 74 **E7**

Rock, jazz, comedia y *burlesque* en una de las salas más conocidas del lugar.

Joy Theater

PLANO: 11 P. 74 **B2**

Teatro *art déco* con 1200 butacas en el que suena desde *hip-hop* y *rock* a música electrónica.

Fillmore New Orleans

véase 17 P. 74 **E4**

Una de las salas más nuevas del centro, en un vistoso espacio que ofrece conciertos de *rock* alternativo, R&B, *country* y demás.

Ir a un partido de los Saints

ESTADIO DE FÚTBOL

PLANO: 7 P. 74 **A4**

El **Caesars Superdome** *(caesars superdome.com)* luce mejor que nunca tras someterse a una multimillonaria remodelación que ha durado cinco años. De noche, uno quedará asombrado por el etéreo resplandor del estadio, que asoma en pleno centro urbano como una mastodóntica nave nodriza. Con aforo para 72 000 espectadores, recibió el nombre de Caesars Superdome en el 2021, cuando Caesars Entertainment se hizo con los derechos del nombre y lo rebautizó como a su casino recién adquirido, también en el CBD. Sigue siendo el estadio donde los Saints ejercen de local. Para algunos aficionados, el año no empieza a medianoche, sino con el pitido inicial del tradicional encuentro que enfrenta en Año Nuevo a dos equipos universitarios en la Sugar Bowl. También es escenario de grandes conciertos (Taylor Swift, Rolling Stones) y ha acogido siete ediciones de la Super Bowl, la más reciente en el 2025.

Completar una jornada de deportes

BOLERA

PLANO: 12 P. 74 **E5**

Fulton Alley *(fultonalley.com; 50 US$/h)* es la opción más obvia en el centro para echar unas partidas de bolos y disfrutar de unos cócteles acompañados de tapas criollas en un ambiente que recuerda al de un bar clandestino. También se puede jugar al billar, al futbolín o a los dardos. No hay restricción de edad durante el día, pero, a partir de las 20.00, solo se admiten mayores de 21 años. Los bolos cuestan la mitad durante la *happy hour* (16.00-18.00, mi-vi); resérvese antes.

Repasar la historia de los confederados
MUSEO

PLANO: 13 P. 74 **C7**

Andrajosos uniformes grises, espadas rebeldes, diarios desvaídos... El **Confederate Memorial Hall Museum** *(confederatemuseum.com; 15 US$)* custodia la memoria de quienes lucharon en el bando confederado. Inaugurado en 1891, sigue siendo una mera "colección de objetos" en lugar de un museo contemporáneo con vocación educativa y que permita una interpretación de la historia; no hay alusión alguna a la esclavitud.

Descubrir el espiritoso pasado local
MUSEO INTERACTIVO

PLANO: 14 P. 74 **D3**

Sita en Canal St, **Sazerac House** *(sazerachouse.com; gratis)* es un museo y destilería que rinde homenaje al *sazerac* (el cóctel más famoso de la ciudad) y, de paso, invita a descubrir su pasado asociado a las bebidas alcohólicas. El edificio, de la década de 1800, es un marco muy apropiado.

Se arranca en la 3ª planta, donde las exposiciones interactivas ilustran los inicios de la producción de alcohol en Nueva Orleans a principios del s. xx, repasando los ingredientes que propician el éxito del *sazerac* (y de otras bebidas). La 2ª planta se centra en los combinados con ron y en la 1ª planta se ve cómo emplean el centeno en su destilería.

Los mayores de 21 catarán los preciados elixires a lo largo de la visita. Para una experiencia más exhaustiva, interesa reservar una visita guiada *(20 US$, cata de cócteles incl.)* o asistir a una cata especializada *(desde 30 US$)*.

Animar a los Pelicans
BALONCESTO PROFESIONAL

PLANO: 15 P. 74 **A5**

Junto al Superdome se encuentra el **Smoothie King Center** *(smoothiekingcenter.com)*, el pabellón con 17 000 localidades donde los Pelicans disputan sus partidos como local en la NBA. Al margen de vibrar con el equipo liderado por Zion Williamson, tal vez se pueda aprovechar para asistir a alguno de los excelentes conciertos y espectáculos que suele acoger.

Correr delante de los 'toros'
EMOCIONES FUERTES

Cada mes de julio, **San Fermin in Nueva Orleans** *(nolabulls.com)* es un descontrolado y divertido acontecimiento inspirado en los Sanfermines de Pamplona. Al igual que en España, los corredores que participan en los encierros van ataviados con camiseta y pantalón blanco, pañuelo y fajín rojo, y calzado adecuado para correr por las calles. La diferencia más sensible aquí es que los 'toros' son chicas sobre patines que, además de llevar un casco con cornamenta, portan bates de plástico que utilizan para golpear a los corredores en el trasero. Se celebra a primera hora de la mañana y le siguen festejos regados con mucha bebida. Las entradas para la fiesta posterior han de reservarse en línea.

Ir de compras por el Riverwalk

TIENDAS 'OUTLET'

PLANO: 16 P. 74 **F6**

Riverwalk Outlets *(riverwalkneworleans.com)* es el lugar ideal para encontrar ropa de marca a precios rebajados. Más de 50 tiendas conforman este centro comercial situado frente al río, con nombres conocidos como Coach, Ralph Lauren o Skechers. Quienes busquen moda no querrán perderse Nordstrom Rack; para algo de estética local, hay que acercarse a Nola & Co o a Mardi Gras Masquerade. Tampoco faltan sitios para comer y beber, en su mayoría opciones de comida rápida, *beignets* y helado; si apetece algo más memorable, sin duda, Drago's (p. 87) es el lugar.

Jugar a la ruleta

CASINO

PLANO: 17 P. 74 **E4**

En Nueva Orleans la diversión no tiene límites. Y eso se aplica también al **Caesars Casino** *(caesars.com/caesars-new-orleans)*, un coloso de 10 000 m² que, tras someterse a una remodelación de 435 millones de dólares en el 2024, hoy presume de un imponente hotel de 340 habitaciones y una selección de restaurantes de primera.

La oferta es interminable para quienes deseen apostar, desde tragaperras a mesas de *blackjack*. Si no atraen los juegos de azar, siempre cabe dirigir la atención a su flamante zona de restauración, donde sirven sublimes platos elaborados por los mejores chefs de Nueva Orleans y cócteles clásicos. Otra opción es asistir a un espectáculo en el **Fillmore** (p. 82; *thefillmorenola.com*).

PESO ECONÓMICO DEL BARCO DE VAPOR

Para los primeros colonos europeos, el Misisipi resultó ser demasiado impetuoso como ruta fluvial viable hacia el interior, hasta la llegada del barco de vapor a principios de 1800. Hasta entonces, las barcazas transportaban mercancías río abajo, pero, al no poder remontar el río, terminaban siendo desmanteladas tras llegar a Nueva Orleans. Después de la primera travesía en barco de vapor de Pittsburgh a Nueva Orleans en 1811, la construcción naval vivió un auge que propició un notable crecimiento económico. El comercio aumentó de 3 a 54 millones de dólares entre 1800 y 1840, y la población local pasó de los 10 000 habitantes en 1800 a más de 150 000 en 1860.

Caesars Casino.
WILLIAM A. MORGAN/SHUTTERSTOCK

Descubrir el legado judío del Sur — MUSEO

PLANO: **18** P. 74 **B7**

En el **Museum of the Southern Jewish Experience** *(msje.org; adultos/niños 15/10 US$)*, se aprenderá lo que supone ser judío en el Sur de EE UU. Una vez vista una proyección de 10 min, que explora la singular dicotomía de aunar las tradiciones judía y sureña, se ahonda en las vicisitudes de los primeros colonos judíos en desembarcar en la región (en torno a 1585) y los muchos papeles que desempeñaron, tanto en la política como en el comercio. Fiel a su nombre, el museo no se centra solo en Nueva Orleans o Luisiana, con lo que se obtiene una visión de la inmigración llegada a la región, sobre todo a través de Galveston (Texas), la Ellis Island sureña.

No hay que perderse la carroza Ruth Bader Ginsburg utilizada por la *krewe* de Mishigas, una de las comparsas judías del Mardi Gras.

Admirar las mejores vistas de la ciudad

OBSERVATORIO

PLANO: 19 P. 74 **F5**

Las mejores vistas de la ciudad las regala el observatorio superior de **Vue Orleans** *(vueorleans.com; adultos/niños 30/24 US$)*. Situado en lo alto del flamante Four Seasons Hotel, la experiencia comienza con las exposiciones interactivas de la planta baja. Un enorme mapa se despliega en las gigantescas pantallas, y basta señalar un punto para obtener un resumen de su historia, cultura y geografía. A continuación, se ve una breve proyección que aporta más datos sobre la historia local.

La alta tecnología continúa durante el ascenso al piso 33º, amenizado por animados vídeos. Una vez arriba, las vistas se complementan con más pantallas interactivas que permiten explorar la rica cultura de la ciudad. Subiendo un tramo de escaleras, se disfrutará de vistas al aire libre del Misisipi y de Nueva Orleans extendiéndose a ambas márgenes del río. En el piso 34º hay un bar que sirve cócteles, cafés con hielo y otros refrigerios.

Ir de galerías por Julia Street

BARRIO DE LAS ARTES

PLANO: 20 P. 74 **D6**

Julia Street es el eje central del Arts District *(artsdistrictneworleans.com)*, con un buen puñado de galerías en edificios antiguos a lo largo de esta vía de sentido único. Lo que fuera una zona industrial hasta finales del s. XIX, se marchitó a mediados del s. XX para volver a florecer tras la Exposición Mundial de 1984.

El mejor tramo se localiza entre St Charles y Tchoupitoulas, y para verlo en su máxima actividad hay que ir el primer sábado de mes, cuando buena parte de sus 17 galerías presentan exposiciones especiales (18.00-21.00) y descorchan botellas de vino de cortesía.

No se cobra entrada por ver las galerías (ma-sa, 10.00-16.00/17.00).

Localizaciones en el plano de la **p. 74**

Lo mejor para...

$ Económico $$ Medio $$$ Alto

Comer

Favoritos para almorzar

Pho Tau Bay $

21 A2

Popular entre una clientela ávida de probar sus deliciosos *banh mi* (bocadillos vietnamitas) y *pho. 11.00-19.00 lu-vi*

St James Cheese Company $

22 E6

Celestiales bocatas de queso con cebolla caramelizada. *11.00-18.00 lu-sa, 11.00-16.00 do*

American Sector $$

23 D7

Oda a los *diners* estilo años cuarenta con jugosas hamburguesas y cocina sureña. *11.00-14.00*

Domenica $$

24 C3

Exquisitas *pizzas* al horno de leña, tentadores *antipasti* e imaginativos platos de pasta en un marco vistoso pero sin alardes. *11.00-22.00*

Cocina criolla

Herbsaint $$$

25 C5

Otro éxito del celebrado chef Donald Link; su acotada carta roza la perfección. *11.30-21.30 lu-vi, 17.00-22.00 sa*

Mother's $

26 E5

Po'boys, jambalaya y *étouffée* de langosta en un *diner* clásico de 1938. *7.00-22.00*

Luke $$$

27 C4

Bistró de elegancia minimalista que eleva la cocina criolla a las cotas más altas. *7.00-22.00*

Copper Vine $$$

28 B4

Híbrido de *gastropub* y enoteca con una buena mezcla de sabrosos primeros y platos compartidos. *11.00-21.00*

Cocina de fusión y asiática

Carmo $$

29 D6

Cabe esperar arraigadas influencias tropicales, desde Asia a Sudamérica. Pruébense el tiradito peruano y la ensalada birmana de hojas de té. *17.00-22.00 lu, 11.00-22.00 ma-sa*

Maypop $$$

30 B5

Creativa fusión de sabores sureños y del sureste asiático. Destaca la corvina del golfo con crujiente de coco, tomates al curri y compota de ocra. *17.00-21.00*

Namaste Nola $$

31 C3

Pese a estar en un hotel, de sus fogones salen espléndidos platos indios, como *paneer tikka masala. 11.00-15.00 y 17.00-22.00 ju-ma*

Lufu Nola $$

32 D4

Fastuosa propuesta donde degustar clásicos indios presentados con visos artísticos. *11.30-14.30 y 17.00-21.30 ju-ma*

Pescado y marisco

Drago's $$

33 F5

Tiene buena mano con las ostras a la parrilla bañadas en mantequilla, ajo y parmesano. *11.30-22.00*

Mother's (p. 87).
WILLIAM A. MORGAN/SHUTTERSTOCK

Pêche $$$
34 D6
La calidad del producto habla por sí sola en la que es una de las mejores marisquerías de la ciudad. *11.00-22.00*

Seaworthy $$$
35 C5
Todo se ejecuta con brillantez, desde el tartar de atún de aleta amarilla a las vieiras a la plancha y su legendaria selección de ostras. *16.00-23.00*

Para carnívoros

Cochon Butcher $$
36 E7
Una animada parroquia acude a esta charcutería atraída por sus sándwiches y caprichosos cócteles. *11.00-22.00*

La Boca $$$
37 E7
Bistecs argentinos preparados a la perfección. Pídase el menú degustación de cuatro platos. *17.30-22.00 lu-sa*

Cochon $$
38 E7
Donald Link homenajea sus raíces culinarias cajún sirviendo exquisitas carnes ahumadas cocinadas al fuego de leña. *11.00-22.00*

Marrow Steak $$$
39 B5
La incorporación más celebrada del 2024 ofrece suculentos bistecs, incluido su famoso *tomahawk* para dos. *16.00-22.00*

Alta cocina

Compère Lapin $$$
40 E5
Sensacional batiburrillo de sabores caribeños, italianos y criollos. *17.30-21.00*

Nobu $$$
véase 17 E4
Abierto en el 2024, este famoso establecimiento japonés-peruano acierta en todo. *17.00-22.00*

Emeril's $$$
41 E6
Hay que dejarse seducir por su menú de degustación de diez pasos, que incluye hechizantes platos como *gumbo* de langosta. *17.30-21.30 ma-sa*

Restaurant August $$$
42 E4
Resérvese mesa en este romántico antiguo almacén de tabaco conocido por su cocina criolla francesa. *17.00-21.00*

Beber

Cafés

Mammoth Espresso
43 B6
Asombrosos suelos de baldosa, zona de asientos interior y al fresco, y rico café a base de granos tostados *in situ*. *7.00-15.00*

Fourth Wall
44 D4
El café más atractivo del barrio cuenta con un relajante patio lleno de plantas. *7.00-15.00 lu-sa, 8.00-15.00 do*

Nova Espresso
45 E5
Originario de Alabama, preparan un certero e intenso *cold brew* que puede disfrutarse en su elegante interior minimalista. *7.00-15.00*

Coctelerías

Bar Métier
46 C5
Paredes rojas, estantes llenos de libros y arañas de luces crean un precioso marco donde saborear cócteles personalizados. *16.00-24.00*

Baronness on Baronne
47 C4
Lounge regentado por mujeres que aporta ímpetu al CBD con siropes caseros. *16.30-23.00 mi-do*

Jolie
48 E6
Uno de los bares más sofisticados de Warehouse District, con finos reservados y arte original. *16.00-23.00 mi-lu*

Polo Club Lounge
49 E4
Sus sillas de cuero y madera oscura confieren un toque de elegancia clásica a este discreto bar donde pedir un coñac mientras suena *jazz* en vivo. *11.30-23.00*

Bares de azotea

Rosie's on the Roof
50 D7
En lo alto del Higgins Hotel, de estética entre *vintage* e industrial, con terraza y creativos tentempiés. *16.00-22.00*

The Pool Club
51 C5
El bar tropical del Virgin Hotels New Orleans ofrece una *happy hour* de 16.00 a 18.00 de lunes a viernes. *10.00-22.00*

Rooftop at the Barnett
52 C5
El bar de azotea del antiguo Ace Hotel tiene unas vistas memorables entre la fronda. *11.00-22.00*

Ingénue
53 B3
En el piso 17° del Troubadour Hotel, regala unas de las mejores vistas del CBD. *17.00-23.00 ju-do*

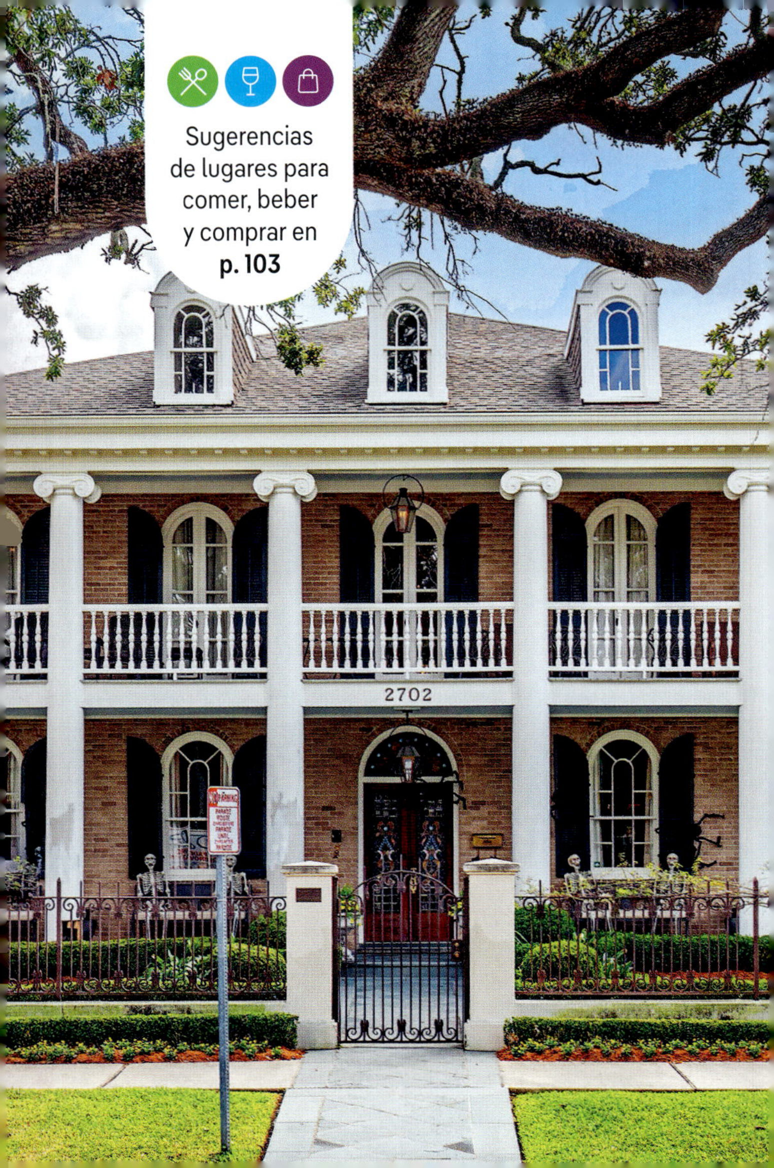

Sugerencias de lugares para comer, beber y comprar en **p. 103**

Explora
Garden District, Lower Garden y Central City

Uno de los rincones más fotogénicos de la ciudad, Garden District luce el más puro estilo sureño, con mansiones históricas, vegetación exuberante, bistrós selectos y *boutiques* exclusivas. Entre el Central Business District (CBD) y Garden District, Lower Garden District es similar a su vecino río arriba pero no tan refinado; tiene un ambiente más bohemio, con bares y restaurantes para todos los bolsillos. Central City, no lejos, es zona de transición. Y aunque se aprecian amplias franjas de deterioro urbano, también cuenta con dinámicas iniciativas que se afanan en reconstruir el que otrora fuera uno de los barrios afroamericanos más importantes de la ciudad.

Cómo desplazarse

A pie
Lower Garden y Garden District son dos barrios muy agradables para pasear. Los árboles proveen sombra, y cuando el cuerpo pida una pausa, se dispondrá de multitud de cafés en Magazine St.

Tranvía
El tranvía de St Charles Ave sale desde Canal St hacia Lower Garden y Garden District. Algunas de las paradas principales son Jackson, Washington y Louisiana.

Autobús
Para Magazine Street, se toma el nº 11 desde Canal St o el CBD, con frecuentes paradas por Magazine St de camino a Uptown.

Arquitectura de Garden District.
TRAVELVIEW/SHUTTERSTOCK

★

LO MEJOR

ALTA COCINA Commander's Palace (p. 96)

CURSO DE COCINA Southern Food & Beverage Museum (p. 97)

COLECCIÓN SINGULAR Great American Alligator Museum (p. 99)

BAR DE AZOTEA Hot Tin (p. 99)

CERVEZA ARTESANA Urban South (p. 100)

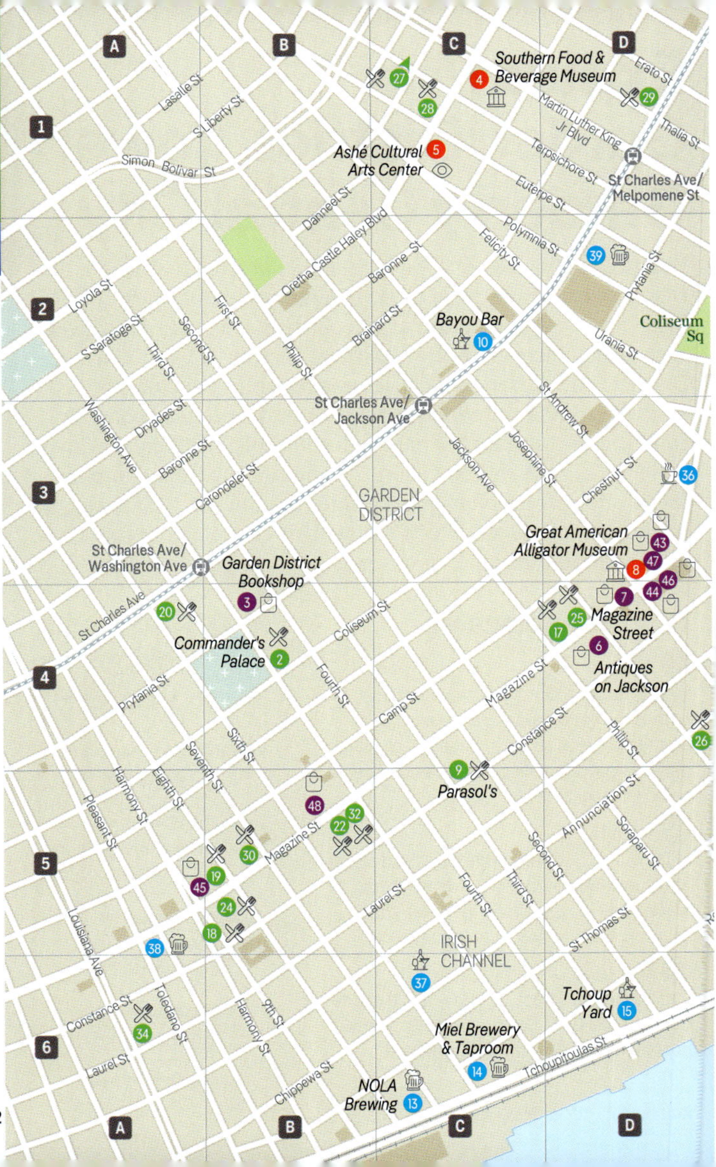
A
B
C
D
1
2
3
4
5
6
Southern Food & Beverage Museum
Ashé Cultural Arts Center
Bayou Bar
St Charles Ave/ Jackson Ave
St Charles Ave/ Melpomene St
St Charles Ave/ Washington Ave
Garden District Bookshop
Commander's Palace
GARDEN DISTRICT
Great American Alligator Museum
Magazine Street
Antiques on Jackson
Parasol's
IRISH CHANNEL
Tchoup Yard
Miel Brewery & Taproom
NOLA Brewing
Coliseum Sq
Lasalle St
S Liberty St
Simon Bolivar St
Danneel St
Oretha Castle Haley Blvd
Baronne St
Brainard St
Erato St
Thalia St
Martin Luther King Jr Blvd
Terpsichore St
Euterpe St
Polymnia St
Felicity St
Prytania St
Urania St
Loyola St
S Saratoga St
Third St
Second St
First St
Philip St
Washington Ave
Dryades St
Carondelet St
St Andrew St
Josephine St
Jackson Ave
Chestnut St
St Charles Ave
Coliseum St
Prytania St
Fourth St
Camp St
Magazine St
Constance St
Philip St
Sixth St
Seventh St
Eighth St
Harmony St
Pleasant St
Annunciation St
Soraparu St
Second St
Third St
Fourth St
Laurel St
St Thomas St
Louisiana Ave
Constance St
Toledano St
Harmony St
9th St
Laurel St
Chippewa St
Tchoupitoulas St

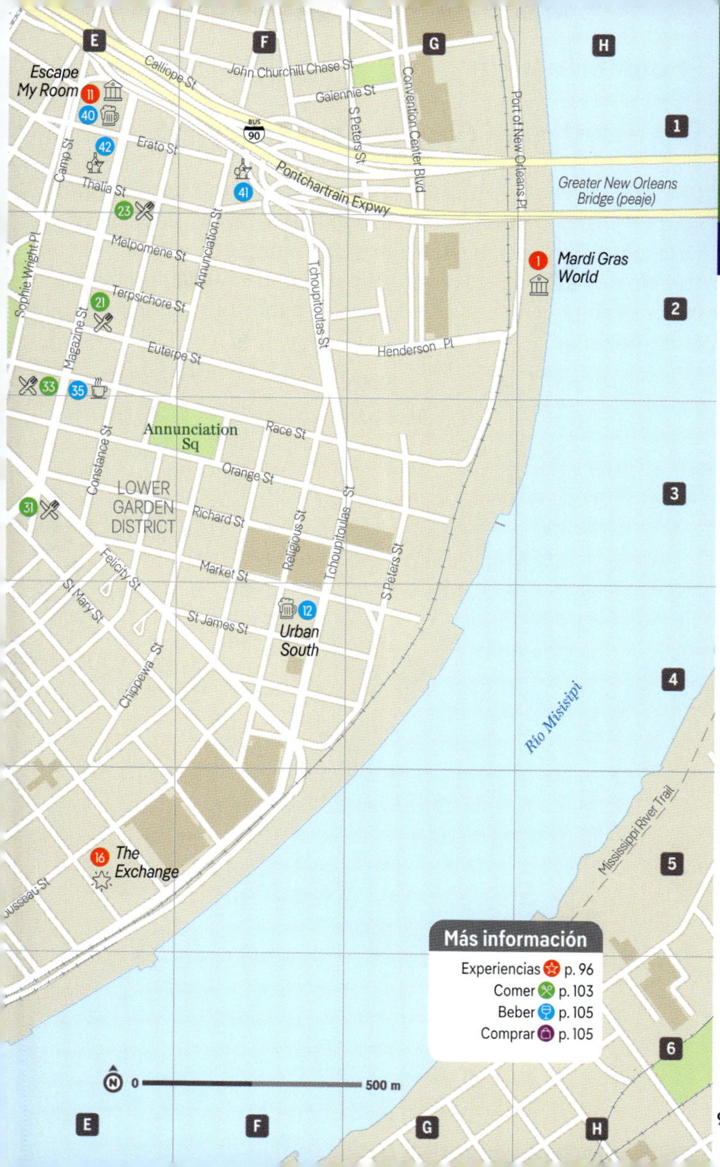
E
F
G
H
1
2
3
4
5
6
Escape My Room
11
40
42
41
23
21
33
35
31
12
16
1
Calliope St
John Churchill Chase St
Gaiennie St
Erato St
Thalia St
Camp St
Melpomene St
Terpsichore St
Euterpe St
Sophie Wright Pl
Magazine St
Annunciation St
Pontchartrain Expwy
90
S Peters St
Convention Center Blvd
Port of New Orleans Pl
Greater New Orleans Bridge (peaje)
Mardi Gras World
Tchoupitoulas St
Henderson Pl
Annunciation Sq
Race St
Orange St
Constance St
LOWER GARDEN DISTRICT
Richard St
Religious St
Market St
Felicity St
St Mary St
St James St
Urban South
Chippewa St
Río Misisipi
Mississippi River Trail
The Exchange
Rousseau St
0
500 m
Más información
Experiencias p. 96
Comer p. 103
Beber p. 105
Comprar p. 105

CIRCUITO A PIE

Paseo por Garden District

Con esta ruta se descubrirá la belleza y sorpresas que deparan Garden District, unos de los barrios más atractivos de Nueva Orleans. Antes de ponerse en marcha, habrá que abordar el tranvía de St Charles Avenue. Al pasar junto a sus imponentes casas y robles centenarios, uno creerá haber retrocedido en el tiempo.

INICIO	FINAL	DURACIÓN
The Rink	Goodrich-Stanley House	1,5 km; 1½ h

1 Iconografía literaria

Tras desembarcar en Washington St, se disfruta de una paz sobrenatural que va acrecentándose conforme uno se aleja de St Charles en dirección al río. Una manzana al sur aparece **The Rink,** una pista de patinaje de la década de 1880, hoy convertida en pequeño centro comercial, en cuyo interior aguarda una de las mejores librerías independientes de la ciudad: **Garden District Book Shop,** donde además de novelas históricas y de ficción, se encontrarán interesantes obras sobre el Mardi Gras y otros aspectos de la cultura local. La desaparecida Anne Rice lanzó aquí varias de sus novelas de vampiros.

2 Macabra emotividad

Se cruza la calle hacia Washington Ave y, enseguida, a mano derecha, está el **Lafayette Cemetery No 1,** prototipo de gótico sureño subtropical. Resulta estremecedor el marcado contraste entre su noble decadencia y la enérgica fertilidad de la fecunda vegetación. Es un lugar lleno de historias de inmigrantes alemanes e irlandeses, de víctimas de la fiebre amarilla..., relatos que ilustran el turbulento pasado de la ciudad.

3 Escenario cinematográfico

Una vez rebasado el camposanto, salen al paso los llamativos colores turquesa y blanco del **Commander's Palace,** uno de los mejores restaurantes criollos a la vieja usanza de Nueva Orleans. Luego, se tuerce a la izquierda por Coliseum St y, al final de la manzana, se encuentra la **McKnight Marinoni Nolan House,** que desempeñó un papel clave en *El curioso caso de Benjamin Button.*

4 Vampírica presencia

Se sigue por Coliseum St para, luego, girar a la derecha por First St. Quienes piensen que el **nº 1239 de First St** parece la casa de un vampiro aristócrata no estarán desencaminados. Y es que aquí, en la Brevard-Rice House, residió la escritora Anne Rice entre 1989 y el 2004.

5 'American Horror Story'

Si se mira a la izquierda al llegar al nº 1410 de Jackson Ave, se observará la colosal **Buckner Mansion,** o lo que vendría a ser la academia de Miss Robichaux para jovencitas excepcionales en la tercera temporada de *American Horror Story.*

6 Exploradores en África

Volviendo a Coliseum St (a la izquierda), se camina poco menos de seis manzanas y, frente al Coliseum Park, en el nº 1729 de Coliseum St, se admira la histórica **Goodrich-Stanley House,** de la década de 1830, en su día perteneciente al comerciante británico Henry Home Stanley, cuyo hijo adoptado, Henry Morton Stanley, se hizo famoso por encontrar al perdido explorador escocés David Livingstone, uno de los primeros occidentales en ver las cataratas Victoria.

EXPERIENCIAS

Saber más sobre el Mardi Gras

VISITA GUIADA

PLANO: 1 P. 92 H2

No sería exagerado decir que, de día, el **Mardi Gras World** *(mardigrasworld.com; adultos/niños 22/14 US$)* es uno de los lugares más alegres de Nueva Orleans. Pero al caer la noche, se convierte en un lugar tan divertido como aterrador. Y de ello se encargan sus incontables creaciones carnavalescas, desde dragones y payasos a reyes y hadas, con muestras que van de lo lascivo a lo tétrico. Se recomienda la visita guiada *(1½ h)* por el estudio-almacén de Blaine Kern (apodado "Mr. Mardi Gras") y su familia, quienes llevan desde 1947 contribuyendo al diseño y construcción de las espectaculares carrozas de esta cita.

Nunca hay menos de 2000 ejemplares en el inventario, y la empresa crea entre 50 y 60 nuevos cada año. Kern aprendió el oficio de su padre y, con el tiempo, pasó el testigo a sus hijos.

Quienes se hospeden en el CBD o cerca de Canal St, pueden llegar con su servicio de enlace gratuito, que cuenta con una decena de paradas en la zona. No tiene horario fijo: hay que llamar para concertar la recogida *(504-361-7821)*.

Darse un festín en Commander's

ALTA COCINA

PLANO: 2 P. 92 B4

Commander's Palace *(commanderspalace.com)* es una elegante propuesta que embelesa con sus inmaculadas mantelerías, suculentos platos y esmerada hospitalidad sureña. Su cambiante carta de nueva cocina criolla comprende desde crujientes ostras con *fondue* de brie y coliflor a pescado del golfo recubierto de nueces de pecán. Se exige ir arreglado: nada de pantalones cortos ni camisetas; a poder ser, mejor llevar chaqueta. Es un sitio precioso y divertido.

Ella Brennan, su dueña, se enorgullece de haber lanzado al estrellato a varios chefs, entre otros Paul Prudhomme y Emeril Lagasse. Se impone reservar.

Dejarse atrapar por la lectura

LIBRERÍA

PLANO: 3 P. 92 B4

Tanto para resguardarse de un chaparrón como para darse una tregua de frescor, **Garden District Bookshop** *(gardendistrictbookshop.com)* constituye una magnífica opción para pasar la tarde entre libros. Su personal puede ayudar a dar con títulos interesantes, y hay multitud de secciones con libros en clave local y regional: ficción, historia, cocina, infantil y mucho más. Suele acoger, además, lecturas de autores y sesiones de firmas de ejemplares, y el café contiguo es un sitio encantador.

Celebrar el legado de la cocina sureña MUSEO CULINARIO

PLANO: 4 P. 92 C1

No hay que ser un gastrónomo entendido ni contrastado para disfrutar del **Southern Food & Beverage Museum** *(southernfood.org; adultos/niños 12 US$/gratis)* o SoFAB, un novedoso espacio que celebra la cocina y los cócteles sureños con muestras traídas de los estados situados al sur de la línea Mason-Dixon.

El visitante no dará abasto para ver todo cuanto se exhibe en su enorme sala principal. Se aprenderá acerca de la interesantísima figura de Al Copeland, quien tras abandonar sus estudios secundarios crearía la cadena de restaurantes Popeye's Chicken. Hay una amplia sección dedicada al café (y a la achicoria, algo muy de Nueva Orleans), las alubias rojas y el arroz, así como a las grandes personalidades gastronómicas nacidas aquí. No hay que obviar el curioso Katrina Deli. También se homenajea el legado culinario de otros estados, p. ej., con una recreación de un puesto de barbacoa de Misisipi y mariscos de Florida. Y hay una sección sobre coctelería. Dedíquese 45 min-1 h.

Preparar platos criollos y cajún CLASE DE COCINA

véase 4 P. 92 C1

Al margen de contar con muestras de gastronomía y coctelería, el **SoFAB** ofrece clases de cocina en un entorno divertido e informal. En sus sesiones de cocina criolla *(2½ h; 115 US$, aprox.)* se aprenderá a preparar sustanciosa *jambalaya*, guiso de ocra y tomates, y bananas Foster. La clase de cocina cajún (precio similar) se centra en la elaboración del *gumbo* cajún. Huelga decir que uno de sus mayores alicientes es disfrutar del resultado final al terminar la

LEGENDARIO 'GUMBO'

Candi Vanardo, *sous-chef* de la **Deelightful Roux School of Cooking** *(chefdeelavigne.com)*, comenta algunos aspectos acerca del plato local por excelencia: "El secreto del *gumbo* radica en el *roux* (combinación de harina y grasa) y el *filé* (hojas de sasafrás molidas). Si no lleva *filé*, no puede considerarse *gumbo*, ya que este aporta un sabor, textura y color muy particulares. El *gumbo* tiene que parecerse al Misisipi, y el *filé* da ese toque algo lúgubre. Que uses unos u otros ingredientes, dependerá de dónde hayas crecido. Para mí, tiene que llevar marisco, chorizo ahumado y salsa picante".

clase. Se imparten tres sesiones semanales, con inicio a las 11.00. Reservas en línea.

Vivir la cultura de la diáspora africana
GALERÍA Y CENTRO CULTURAL

PLANO: 5 P. 92 **C1**

Todo un referente, el **Ashé Cultural Arts Center** *(ashenola.org)* ofrece una programación continua de actuaciones, exposiciones de arte, cine y charlas de marcado enfoque africano, afroamericano o caribeño. Sus propuestas no cesan, máxime en octubre, cuando el centro acoge en su azotea un popular festival con comida, música, cócteles y una fantástica programación cultural. El calendario completo se publica en la web.

Ver unos carteles muy particulares
TIENDA DE ARTE Y ANTIGÜEDADES

PLANO: 6 P. 92 **D4**

El artista local Simon Hardeveld se ha labrado fama pintando singulares letreros que cuelgan como si fueran obras de arte en restaurantes de todo Nueva Orleans. Quienes concedan suficiente tiempo a la ciudad no tardarán en identificar las características estrellas, puntos y chispas que rellenan los espacios entre las letras de sus coloridas creaciones, incluido el clásico "Laissez Le Bon Temps Rouler" ("Que la fiesta no pare"). Hay obras suyas en **Antiques on Jackson,** propiedad del artista y su esposa Maria. También se encontrarán montones de antigüedades, incluidos muebles, lámparas, cerámica y menaje.

Curiosear entre tiendas independientes
DE COMPRAS

PLANO: 7 P. 92 **D4**

Magazine St es, con mucho, la mejor calle de la ciudad para ir de compras. Comienza en Lower Garden District, cerca del cruce con Felicity St, desde donde puede seguirse en dirección oeste hasta el **Audubon Park** e ir comprando

ORETHA CASTLE HALEY

La vía principal de Central City lleva el nombre de Oretha Castle Haley (1939-1987), miembro fundadora del Congreso para la Igualdad Racial, encargado de liderar la lucha del Movimiento de los Derechos Civiles en la década de 1960. Castle Haley organizó boicots a negocios segregacionistas y fue una de las cabecillas de las campañas de acción directa en pos de la desobediencia civil. Promovió el registro electoral en Nueva Orleans y en la Luisiana rural, y ayudó a eliminar la segregación de muchos lugares, entre otros el Charity Hospital y parques en toda la ciudad. Posteriormente, gestionó la campaña de Dorothy Mae Taylor, quien, en 1971, se convirtió en la primera mujer negra en ser elegida legisladora por el estado de Luisiana.

o viendo los escaparates de sus anticuarios y *boutiques* durante casi todo el tramo. El segundo sábado de mayo, las tiendas abren hasta más tarde de lo habitual, hay música en directo y se dan copas de champán de cortesía.

Cultivar el amor por los caimanes GALERÍA Y TIENDA 'KITSCH'

PLANO: 8 P. 92 **D3**

Pese a su pequeño tamaño, el **Great American Alligator Museum** *(gatormuseum.com; previo donativo)* es un lugar estupendo para saber más acerca del reptil de Luisiana por excelencia. Se verán enormes ejemplares disecados junto a arte folclórico, singulares proyecciones antiguas y muchas curiosidades, como el refugio de caimanes utilizado a modo de defensa por los pueblos indígenas. Incluso hay un joven ejemplar en el acuario.

Brindar junto a nuevos amigos 'PUB' IRLANDÉS

PLANO: 9 P. 92 **C5**

Referente del barrio de Irish Channel, **Parasol's** es un centro comunitario que, además, funciona como lugar de chismorreo y bar, que si bien es eso por encima de todo, sirve uno de los mejores *po'boys* de la ciudad en sus sencillas mesas al fondo. La ternera asada, jugosa y deliciosa, es perfecta para ponerse perdido, mientras que sus gambas –dulces y picantes– tienen un irresistible punto crujiente. A pie de calle montan mesas de pícnic, una bendición los días menos sofocantes.

El bar abre hasta la 1.00 (2.00, fines de semana). El ambiente es el típico de un bar de barrio local a la vieja usanza; cuanto más tarde uno vaya, más animado será el ambiente. Parasol's ocupa un lugar central en las fiestas de San Patricio (17 de marzo).

Escuchar 'jazz' en vivo BAR MUSICAL

PLANO: 10 P. 92 **C2**

En el Pontchartrain Hotel, **Bayou Bar** *(thepontchartrainhotel.com)* es un pedacito de historia de Nueva Orleans. La música siempre ha sido parte del Bayou Bar, y desde su inauguración en 1946, ha atraído a estrellas como Frank Sinatra o Jimmy Buffett. También tiene una conexión profunda con la institución más querida de la ciudad, pues fue en él donde, a finales de los años sesenta, se creó la franquicia de los Saints.

Bayou es uno de los mejores locales del barrio para ver una actuación vespertina de *jazz*. Las sesiones comienzan a las 20.00 y 21.45 (ma-sa), y no hay restricciones de edad, más allá de que los menores de 18 han de sentarse a las mesas y no junto a la barra. No se cobra entrada.

Disfrutar de un cóctel al ocaso BAR DE AZOTEA

véase 10 P. 92 **C2**

En la planta superior del Pontchartrain Hotel, **Hot Tin**

(thepontchartrainhotel.com) es uno de los mejores bares de azotea fuera del CBD. De elegante estilo años cuarenta, luce fotografías en color sepia, espectaculares cortinas y techos de hojalata prensada. Pero su atractivo estrella son las vistas. Las mesas exteriores ofrecen amplios panoramas del centro y los puentes gemelos tendidos sobre el río. A diferencia del Bayou Bar (en el mismo edificio), Hot Tin (14.00-24.00) es solo para mayores de 21 años. No se admiten reservas, con lo cual hay que ir temprano para conseguir un sitio con vistas. Las bebidas, aunque caras, están bien ejecutadas y destacan por su creatividad.

Resolver un galimatías

'ESCAPE ROOM'

PLANO: 11 P. 92 **E1**

Aunque se haya estado en propuestas similares, vale la pena ponerse a prueba en una de las experiencias interactivas más interesantes de la ciudad. **Escape My Room** *(escapemyroom.com; desde 116 US$)*, en una evocadora casa de Camp St, consta de cuatro salas con muebles de anticuario y curiosidades de época. Sus diversos escenarios plantean resolver un asesinato, encontrar un tesoro escondido y descubrir los secretos del ático de un inventor. Los grupos de hasta siete acompañantes disponen de entre 45 min y 1 h para poner en práctica sus facultades de detective y hallar la salida. No hay restricciones de edad y proveen disfraces para meterse de lleno en la experiencia. El precio depende del número de participantes; puede ahorrarse algo si se va de lunes a jueves. Resérvese antes.

Apostar por la calidad

CERVECERÍA FAMILIAR

PLANO: 12 P. 92 **F4**

En medio de una anodina zona dominada por naves industriales aguarda esta inmensa cervecería de ambiente distendido donde reina la cordialidad. Ideal para ir en familia, **Urban South** *(urbansouth.com)* tiene un buen repertorio de cervezas de barril que rotan con regularidad. Hay que probar la Holy Roller (una turbia IPA de notas afrutadas), la Lime Cucumber Gose (de trigo, con un toque agrio), y la suave Paradise Park, o bien echar un vistazo a sus variedades de temporada. Más rompedoras son la Driftees, infusionada con cánnabis, y cuyo efecto se describe como "una relajante sensación, similar a flotar en una nube". Por su parte, la gastroneta Urban Smash sirve hamburguesas y picoteo.

Cuenta, además, con pantallas para ver deportes, organiza noches de trivial, bingo y las estrambóticas combinaciones de yoga y cerveza o libros y cerveza. Los viernes y sábados (cada hora, 12.00-15.00) ofrecen, por 12 US$, visitas guiadas con pinta y vaso de recuerdo incluidos.

Miel Brewery & Taproom.
ZIMMYTWS/SHUTTERSTOCK

Descubrir una pionera de la cerveza artesana MICROCERVECERA

PLANO: 13 P. 92 C6

Pionera del resurgir de la cerveza artesana en Nueva Orleans, **NOLA Brewing** *(nolabrewing.com)* se instaló en el 2009 en un tramo industrial de Tchoupitoulas y desde entonces se ha convertido en un baluarte cervecero. Su elogiadísimo bar cuenta con una veintena de cervezas de presión, desde una refrescante rubia a selecciones de temporada más audaces, como una variedad a base de ruibarbo y fresa elaborada por Just Like Grandma's. Para probar varias, pídase una tabla de degustación. Las *pizzas,* bien horneadas, están a la altura de la cerveza. Suele haber música casi todos los viernes y sábados (19.00-22.00).

Probar sabores de otras latitudes MICROCERVECERA

PLANO: 14 P. 92 C6

Miel Brewery & Taproom *(mielbrewery.com)* es una de las apuestas preferidas de los entendidos en cerveza, por sus magníficas creaciones que se alejan de lo convencional. Los sabores tropicales adquieren protagonismo en variedades como Flor de Jamaica, una *sour ale* infusionada con hibisco, sal marina y canela. También tiene mucho tirón la Golden Boi, una *pale ale* elaborada con lúpulos nada habituales que aportan un toque cítrico.

Para algo verdaderamente experimental hay que decantarse por rarezas como La Ventana (una rubia centroamericana hecha con malta de miel y copos de maíz) o la Paleta de Mango (una agria aromatizada con mango y tamarindo). Como en otros sitios similares, se admiten niños y mascotas, y hay un maravilloso patio ideal tras la puesta de sol. En su web puede consultarse los puestos de comida itinerantes disponibles; bocadillos de langosta, comida india-criolla, filipina y brasileña llevan la voz cantante.

Unirse al ambiente festivo

MICROCERVECERA

PLANO: 15 P. 92 **D6**

Otra cervecería recomendable de Tchoupitoulas es **Tchoup Yard** *(tchoupyard.com)*, con una enorme terraza, fantástica para saborear un cóctel granizado, una cerveza artesana o un rosado bien frío mientras se disfruta de la velada en sus mesas de merendero bajo los árboles. Sirven creativos bocados *tex-mex*. La entrada (y el aparcamiento) están en 2nd St.

Jugar al 'pickleball'

RECREACIÓN Y DEPORTES

PLANO: 16 P. 92 **E5**

El *pickleball* está causando furor en todo EE UU, y Nueva Orleans no es la excepción. Para perfeccionar la técnica durante la estancia, hay que ir a **The Exchange** *(theexchangenola.com)*, el primer espacio de la ciudad dedicado a este deporte (2023), con seis pistas techadas (climatizadas) y una al aire libre, más un completo bar. El alquiler sale por 48 US$ *(40 US$; lu-vi, antes 17.00)*. Resérvese con tiempo.

Localizaciones en el plano de la **p. 92**

Lo mejor para...

$ Económico $$ Medio $$$ Alto

Comer

Panaderías, dónuts y repostería

District $
17 D4
Con varias sucursales, despacha tentadores dónuts con un sinfín de ingredientes. *7.00-21.00*

Levee Baking Company $
18 B5
Fabulosa bollería, desde irresistibles cruasanes de almendra a panes planos con cebolla caramelizada. *8.00-13.00 ju-do*

The Vintage $
19 B5
Elegante establecimiento donde tomar un café con hielo acompañado de *beignets*, con sabores como brie y pera, que adquieren estatus de *gourmet*. *8.00-21.00*

Gracious Bakery $
20 A4
Un sitio genial para disfrutar de una pieza de repostería y un café mientras se ve pasar el tranvía sentado en la terraza. *7.00-15.00*

Desayunos y 'brunchs'

Surrey's Cafe & Juice Bar $
21 E2
Alegre y encantador café de barrio que seduce con magníficos desayunos. *8.00-15.00 ju-lu*

Ruby Slipper $$
22 B5
Con cinco locales en la ciudad, esta espaciosa propuesta de dirección familiar triunfa con su *brunch*. *7.00-14.00*

Birdy's Behind the Bower $$
23 E1
Grandes ventanales y un jardín contribuyen al atractivo de esta cafetería superior. *9.00-15.00 vi-do, 10.00-15.00 lu-ju*

Red Dog Diner $$
24 B5
Su rural interior sirve de marco para tentadores bocados dulces (p. ej., tortitas de arándanos) y salados (estofado de ternera). *8.00-18.00 ju-lu*

Delicatesen y sándwiches

Stein's $
25 D4
Celebrado *deli* que encandila con *bagels* y contundentes sándwiches de pastrami. *8.00-17.00 ma-vi, 9.00-17.00 sa y do*

Turkey and the Wolf $
26 D4
Muy popular, con mesas al fresco donde saborear singulares reinvenciones, como un sorprendente sándwich de Bolonia. *11.00-16.00 mi-lu*

Favoritos de Central City

Central City BBQ $$
27 C1
El adorable proyecto de dos chefs locales con verdadera pasión por las carnes a la parrilla. *11.00-19.00 lu-ju, hasta 21.00 vi-do*

Café Reconcile $
28 C1
Delicioso concepto que, además, da empleo a jóvenes de entornos marginales. *11.00-14.30 ma-vi*

Joey K's.
ELLIOTT COWAND JR/SHUTTERSTOCK

Cocina criolla y cajún

Mr Ed's $$

29 D1

Recomendables el *gumbo* de marisco o las ostras a la parrilla antes de hincar el diente a la langosta estofada o al bagre estilo cajún. *11.00-21.00*

Joey K's $

30 B5

Boyante desde los años setenta, ofrece exquisita cocina criolla. *11.00-21.00 ma-sa*

Gris-Gris $$$

31 E3

De iluminación tenue, invita a probar cocina sureña imaginativa y de calidad. *11.00-21.00 mi-lu*

Alta cocina

Coquette $$$

32 B5

Refinada opción de estética *vintage* donde mimarse con magistrales caldos y cocina a base de productos regionales. *17.30-21.00 lu-sa*

San Lorenzo $$$

33 E2

El restaurante del St Vincent Hotel elabora recetas del norte de Italia, como *risotto* de gambas y pasta casera. *8.00-22.00*

Atchafalaya $$$

34 A6

Cocina criolla de altos vuelos en una serena casita. *9.30-21.00 ju-lu*

Beber

Cafés

Mojo Coffeehouse
35 E2
Sublime *latte* y bollería en un espacio de ambiente comunitario. *6.00-21.00*

Hivolt
36 D3
De visita ineludible para los amantes del buen *espresso*. Deliciosos sándwiches, además. *7.00-17.00 lu-sa*

Bares de barrio

Pete's Out in the Cold
37 C6
Una divertida parroquia, tentadoras *happy hours* y puestos temporales de comida. *Horario variable*

The Bulldog
38 A5
Decenas de cervezas artesanas de barril, reparadora comida de *pub* y un arbolado patio donde ver el trasiego. *11.00-1.00*

Bares de Lower Garden District

The Avenue Pub
39 D2
Un buen sitio para disfrutar de la noche, con 40 cervezas de barril a elegir, terraza y patio trasero. *11.00-1.00*

Courtyard Brewery
40 E1
Pequeños lotes de innovadora cerveza artesana propia y puestos de comida en el patio. *16.00-23.00 lu-ju, 11.00-24.00 vi-do*

Tell Me Bar
41 F1
Atractivo bar de vinos naturales bastante escondido, con insólitos caldos de todo el orbe. *16.00-23.00*

Barrel Proof
42 E1
Festivo y vistoso local alargado, con predilección por el *bourbon* y los cócteles originales. *16.00-1.00*

Comprar

Artículos 'vintage'

Century Girl Vintage
43 D3
Selección bien presentada de vestidos nuevos y únicos de calidad superior. *11.00-17.30 lu-sa, 12.00-17.30 do*

Trashy Diva
44 D4
Estilo *vintage pin-up* con toques modernos: caftanes y vestidos de diseños atrevidos, y cómodas prendas de *loungewear. 12.00-18.00 lu-sa, 13.00-17.00 do*

Funky Monkey
45 A5
Buena selección de moda de décadas pasadas, junto con pelucas e ideas para disfrazarse. *11.00-18.00*

Accesorios y recuerdos

Miette
46 D3
Caprichoso e incomparable, repleto de joyería única, arte y objetos para el hogar. *10.00-18.00*

Cocoally
47 D3
Una tienda llena de camisetas, tarjetas, libros y demás artículos decorados con marsupiales. *10.00-18.00*

Zèle NOLA
48 B5
Emporio de joyería, artesanía, menaje, arte y cosméticos hechos en Nueva Orleans. *11.00-17.00 lu-sa, 12.00-17.00 do*

Sugerencias de lugares para comer, beber y comprar en **p. 121**

Explora
Uptown y Riverbend

Elegante y distinguido, el entramado de arboladas callejas de Uptown es sinónimo de mansiones de estilo neoclásico, apartamentos estudiantiles, coloridos bloques residenciales y dos universidades. Pero esto sigue siendo Nueva Orleans, donde los estratos sociales se mezclan y las excentricidades se celebran. Enfermeras, profesores y personal financiero se sitúan en la misma cola, en agosto se celebra un prematuro adelanto del Mardi Gras, y hasta las casas de más postín engalanan sus jardines con esqueletos durante Halloween. St Charles y Carrollton, sus dos avenidas principales, están flanqueadas de robles sureños, bordeadas de casas señoriales y recorridas por tranvías que traquetean lentamente.

Cómo desplazarse

Autobús
El n° 11, que circula por Magazine St desde Canal St hasta el Audubon Park, puede tomarse en la esquina de Canal con Magazine, delante del Sheraton.

Tranvía
El de St Charles Ave cruza el CBD y Garden District hacia Uptown/Riverbend.

Automóvil
De 8.00 a 19.00 (lu-sa), el estacionamiento en buena parte de Magazine St se regula mediante parquímetros *(2 US$/h)*. En las bocacalles se aparca gratis.

Bicicleta
Hay un carril-bici a lo largo de St Charles Ave.

Magazine Street.
WILLIAM A. MORGAN/SHUTTERSTOCK

LO MEJOR

CIRCUITO POR LIBRE
St Charles Ave (p. 110)

ZONA VERDE
Audubon Park (p. 112)

ENCUENTROS CON FAUNA
Audubon Zoo (p. 113)

CÓCTELES CREATIVOS
Cure (p. 117)

MÚSICA EN DIRECTO
Tipitina's (p. 118)

A
B
C
D
1
2
3
4
5
6
Oak St Brewery
33
Jacques-Imo's Cafe
5
18
3
19
Carrollton Station
Maple Leaf
4
1
Blue Cypress Books
Levee Path
27
Z'otz
2
St Carrollton Ave/Oak St
Rue de la Course
Cambronne St
Panola St
Spruce St
Cohn St
Hickory St
Green St
Birch St
Jeannette St
Willow St
Broadway St
Audubon St
Audubon Blvd
Dublin St
S Carrollton Ave
Freret St
Oak St
Plum St
Zimple St
Burthe St
41
Lowerline St
Pine St
S Carrollton Ave/
St Charles Ave
Maple St
Burdette St
Adams St
Newcomb Art Museum
11
Hampson St
Hillary St
Cherokee St
6
Hot Stuff
Tulane University Special Collections
12
Pearl St
St Charles Ave
Dominican St
Newcomb Blvd
Calhoun St
Benjamin St
10
Tulane University
St Charles Ave/
Broadway St
Hurst St
13
Loyola University
Leake Ave
Lowerline St
Pine St
St Charles Ave/
Tulane University
Broadway St
Loyola St
Prytania St
St Charles Ave/
Calhoun St
Audubon St
Walnut St
Río Misisipi
Benjamin St
23
Skeleton House
Audubon Park Golf Course
Hurst St
Garfield St
Pitt St
Audubon Park
Exposition Blvd
Calhoun St
Henry Clay Ave
Webster St
Prytania St
Perrier St
Coliseum St
Chestnut St
Camp St
Magazine St
Constance St
Audubon Zoo
35
47
37
Patton St
40
Riverview Dr
East Dr
Laurel St
State St
Eleonore St
Nashville Ave
Arabella St
32
Annunciation St
Tchoupitoulas St
9
Frankie & Johnny's
N
0
1 km

Más información
Imprescindible p. 110
Experiencias p. 114
Comer p. 121
Beber p. 122
Comprar p. 123
E
F
G
H
1
2
3
4
5
6
90
Bearcat Cafe
Cure
High Hat Cafe
Freret Street Market
Pascal's Manale
Tranvía de St Charles Ave
St Charles Ave/ Nashville Ave
St Charles Ave/ Jefferson Ave
St Charles Ave/ Napoleon Ave
Delachaise
Milton H Latter Memorial Library
St James Cheese Co
UPTOWN
Le Bon Temps Roule
Casamento's
Tipitina's
S Claiborne Ave
State St Dr
Vincennes Pl
Napoleon Ave
Jena St
Cadiz St
Johnson St
Prieur St
Roman St
S Derbigny St
Robert St
Lyons St
Palmer Ave
State St
Clara St
Nashville Ave
Magnolia St
S Robertson St
Freret St
La Salle St
S Liberty St
Joseph St
Octavia St
Jefferson Ave
Willow St
Gen Pershing St
Marengo St
Gen Taylor St
Washington Ave
Toledano St
Louisiana Ave
Loyola St
S Saratoga St
Danneel St
Dryades St
Baronne St
Carondelet St
Peniston St
Amelia St
Foucher St
Delachaise St
Valence St
Uppertine St
St Charles Ave
Pitt St
Prytania St
Milan St
Constantinople St
Antonine St
Perrier St
Coliseum St
Chestnut St
Camp St
Magazine St
Constance St
Laurel St
Annunciation St
Dufossat St
Soniat St
Bordeaux St
Leontine St
Valmont St
Bellecastle St
Tchoupitoulas St

★ IMPRESCINDIBLE

Tranvía de St Charles Ave

Algunas de las casas más lujosas del país se alinean en St Charles Ave, a la sombra de imponentes robles que resplandecen entre las rutilantes cuentas de los collares lanzados desde las carrozas del Mardi Gras. En los contornos se suele ver gente trotando y parejas de jóvenes enamorados, por lo general de alguna de las dos principales universidades locales: Tulane y Loyola. De hilvanar el bucólico corredor con su inconfundible sonido metálico se encarga el tranvía más icónico de la ciudad.

PLANO: P. 108 **E4**

CONSEJO
El billete sencillo cuesta 1,25 US$ *(0,50 US$ menores de 18 años).* La *app* de Le Pass permite comprarlos y consultar los horarios.

Escanea este código QR para bajar la *app* de Le Pass.

De Louisiana Ave a Napoleon Ave

En funcionamiento desde 1835, el tranvía de St Charles Ave es la línea del mundo que más tiempo lleva operando ininterrumpidamente. Enlaza el CBD y Uptown cada 10-20 min. Para recorrer el tramo más pintoresco, hay que subirse en Louisiana Ave y encandilarse con las vistas de robles sureños y fastuosas mansiones que salpican el trayecto hacia Carrollton Ave (8 km al oeste; 20 min, aprox.).

De Napoleon Ave a Jefferson Ave

Difícilmente se pasará por alto la iluminación de Superior Seafood, en la intersección de Napoleon con St Charles. Subiendo hacia Uptown (al oeste), el tranvía se abre paso entre decenas de mansiones, entre ellas la reconvertida **Milton H Latter Memorial Library** (p. 118), uno de los edificios municipales más bellos de la ciudad. Los robles sureños son particularmente tupidos aquí, y en muchas de sus ramas inferiores se conservan collares lanzados por las *krewes* durante la fiesta local por excelencia.

AEVANSTOCK/SHUTTERSTOCK

De Jefferson Ave a Riverbend

Turno, después, para Temple Sinai –una de las mayores sinagogas del Sur–, antes de recortar parte del Audubon Park, flanqueado por los campus de Tulane y Loyola. Al final de St Charles Ave, el tranvía sigue el meandro del río (Riverbend, "meandro", en inglés) antes de recalar en Carrollton Ave.

Carrollton Ave

En esta versión menuda y modesta de St Charles cabe esperar más encantadoras viviendas históricas y multitud de robles sureños. Maple St u Oak St (cuatro manzanas más adelante de Carrollton) son ideales para desembarcar y lanzarse a explorar el barrio.

UNA PAUSA
Camellia Grill
(camelliagrillnola.com), en el n° 626 de Carrollton Ave S, a un paso del tranvía, es un *diner* que triunfa desde 1946.

★ IMPRESCINDIBLE

Audubon Park

Festoneado por algunas de las residencias más distinguidas de la ciudad, este parque es una formidable zona verde cuajada de robles, sendas ciclistas y peatonales, y pintorescos cursos de agua. Los estudiantes se tumban en el césped y grupos de amigos comparten un trago al aire libre mientras otros prefieren dedicarse a trotar.

PLANO: P. 108 **C5**

CONSEJO
Quienes viajen con niños no deben perderse las dos zonas recreativas enclavadas en la parte superior del parque, junto a St Charles Ave.

Escanea este código QR para más información.

El árbol de la vida

La parte meridional del parque (al otro lado de Magazine St) gravita en torno a uno de sus reclamos más encantadores: el Tree of Life, un hermoso ejemplar de roble que recuerda a la nudosa mano de Groot, brotando de la tierra con un contorno de casi 11 m y una tupida copa de 50 m.

Paseos entre robles

Desde las proximidades de Magazine St hasta la mitad norte del parque, Oak Allée es un bello pasillo entre robles que tienta a disfrutar de un paseo. A los peques les pirran los columpios de cuerda desperdigados por los senderos.

Elemento acuático

El lago Olmsted (más bien un turbio estanque) bordea buena parte de las secciones sur y este del parque. Alberga la diminuta e inaccesible isla de las aves, donde pueden verse montones de especies zancudas piando y graznando. En 1921 se construyó el coqueto quiosco de música Newman, con vistas al lago y una excelente acústica. Tras rodear el extremo oeste del parque y enfilar hacia el sur, el sendero avanza en paralelo a Walnut St, donde se aglutinan algunas de las casas más lujosas de la ciudad.

★ IMPRESCINDIBLE

Audubon Zoo

En el interior del parque homónimo, este zoológico ocupa un amplio recinto con secciones dedicadas a paisajes y fauna de África, Asia y Sudamérica. A los niños les encanta muy especialmente observar los elefantes y jirafas, y durante el estío, parte del zoo se transforma en parque acuático.

Un pantano de Luisiana

Si no se prevé visitar el país de los cajunes (al oeste) ni hacer una excursión por los pantanos, esta es una buena alternativa: un paraíso de humedales dominado por cipreses calvos y musgo español, concebido al detalle a fin de reflejar las maravillas naturales de los *bayous* del sur. Asimismo, se atisbarán linces rojos, caimanes, osos y nutrias, y con suerte algún ejemplar de zorro rojo agazapado sobre un tronco.

Sabana africana

Otros atractivos son el recinto de leones, construido como las estaciones de investigación de África oriental; una zona verde donde los perros salvajes africanos corretean; y Monkey Hill, una colina de césped por la que generaciones de niños se han lanzado rodando y haciendo toda clase de piruetas. También hay jaguares, además de una réplica de un templo maya a modo de zona recreativa, un oscuro anexo que da cobijo a murciélagos y otras criaturas nocturnas, y pasarelas –decoradas con dinteles y esculturas mesoamericanas– que serpentean entre una legión de loros, monos y serpientes.

Vida aviar

El aviario a cubierto constituye el hogar de 60 especies de aves distintas de todo el mundo. Hay que estar atento por si se avistan bellezas como el tucán o el guacamayo jacinto.

PLANO: P. 108 **B5**

CONSEJO

Las opciones para comer en el zoo son excesivamente caras; Magazine St, a 10 min a pie, está salpicada de restaurantes, como el recomendable **Audubon Clubhouse** *(audubon clubhouse.com)*.

Escanea este código QR para precios y horarios.

EXPERIENCIAS

Ir en busca de libros

LIBRERÍA

PLANO: 1 P. 108 **B1**

Años ha, Carrollton era un municipio independiente conectado con la periferia de la ciudad por el emblemático tranvía de St Charles Ave. Oak St era la vía principal de este pueblo, y aunque Carrollton hoy está completamente absorbido por Nueva Orleans, sigue siendo una zona muy popular para salir a comer, ir de compras o explorar Uptown. Un buen punto de inicio es **Blue Cypress Books** *(bluecypressbooks.com),* una librería independiente –gestionada exclusivamente por mujeres– que fomenta talentos literarios locales.

Explorar la oferta de bares de Oak Street

BARES Y CAFÉS

En la esquina de Oak con Carrollton se halla **Rue de la Course** (PLANO: 2 P. 108 **B1**; *ruedelacourse.com*), uno de los cafés más vistosos de la ciudad. Solo su emplazamiento –un antiguo y cavernoso banco– es motivo suficiente para entrar a echar un vistazo. Lugar de reunión predilecto de la comunidad estudiantil, prepara cafés bien cargados y sustanciosos *bagels*.

Al recorrer Oak St, se puede pasar a tomar algo y entretenerse con algún juego de mesa en la **Oak St Brewery** (PLANO: 3 P. 108 **B1**; *oakstbrewery.com*), muy indicada para dejar a los chicos ocupados mientras los padres se relajan cerveza en mano. Para facilitar el siempre difícil proceso de selección, cabe optar por una tabla y así saborear unas cuantas variedades. Enfrente queda el **Z'otz Cafe** (PLANO: 4 P. 108 **B1**; *zotzcafe.com*), de estética entre atrevida y artística, con certeros *lattes* y una estantería llena de juegos de mesa: una buena alternativa en caso de lluvia.

Probar cocina innovadora

RESTAURANTE DE FUSIÓN

PLANO: 5 P. 108 **B1**

Un sitio genial para comer (conviene reservar), algo caro pero en absoluto pretencioso, es **Jacques-Imo's Cafe** *(jacques-imos.com),* una suerte de laboratorio consagrado a una experimentación deliciosa: *muffins* de pan de maíz nadando en mantequilla, tiernos bistecs a la salsa de queso azul, tarta de queso de salchicha de caimán... La clase de lugar donde uno podría morir de felicidad.

Saborear la gastronomía sureña

RESTAURANTE

PLANO: 6 P. 108 **C2**

Hot Stuff *(hotstuffneworleans.com)* se especializa en una de las tradiciones culinarias sureñas por antonomasia: el *plate lunch* o *meat and three,* un plato combinado que consta de carne y tres guarniciones, y que al grueso de los comensales debería saciarle durante buena parte de la semana. Este es un sitio estupendo donde probarlo sin necesidad de reservar.

Deleitarse con el mejor 'po'boy' de ostras — SÁNDWICHES

PLANO: 7 P. 108 **G6**

Nunca es mala época para comer moluscos en Nueva Orleans. Durante todo el año, los lugareños devoran con entusiasmo los preciados frutos que proveen los *bayous* y las aguas del golfo, desde cangrejos (verano) y ostras (invierno) a cangrejos de río (primavera). Y si bien la calidad es mayor en ciertas temporadas, normalmente puede comerse todo el año.

Uptown aglutina algunas de las mejores marisquerías de la ciudad. Yendo de este a oeste, se empieza en **Casamento's** *(casamentosrestaurant.com)*, donde toman protagonismo las *ersters*, que es como se conoce familiarmente a las ostras (*oysters*, en inglés estándar) en Nueva Orleans. Cruzando su modesto interior, propio de una tienda de refrescos de 1949 con suelos de baldosa, se llega a su mostrador de mármol, donde sirven ostras recién abiertas y espectaculares sándwiches de ostras rebozadas y fritas.

Disfrutar de la ostra perfecta — LOCAL DE OSTRAS

PLANO: 8 P. 108 **G4**

En Napoleon Ave aguarda **Pascal's Manale** *(pascalsmanale.com)*, otro establecimiento que, más que restaurante, se asemeja a un club social de los años cincuenta revestido de madera. Tras su barra de mármol, el experto personal abre ostras al tiempo que intercambia chascarrillos con los habituales, y de 15.00 a 18.00 (ma-vi), sirven ostras a solo 1 US$ la unidad.

Comer cangrejos de río — COCINA INFORMAL

PLANO: 9 P. 108 **D6**

No menos recomendable es **Frankie & Johnny's** *(frankieandjohnnys.net)*, otro restaurante familiar con solera, que sirve excelente pollo frito y, en primavera, fuentes

'BIG MUDDY'

El Misisipi no es un río lento y perezoso. Al arrastrar un inmenso caudal, sus arenas se enturbian con tremenda fuerza, arremolinándose en sus sinuosos meandros. El río recorre casi 3800 km desde Minnesota hasta el golfo de México, y su cuenca de desagüe se extiende desde las Rocosas hasta los montes de Allegheny, abarcando el 40 % del territorio continental de EE UU. Asimismo, cada año, vierte en las aguas del golfo más de 500 millones de toneladas de sedimentos, depositando tierra y propagándola hacia el este y el oeste, puesto que el río modifica su cauce. Buena parte de Luisiana, Misisipi y Alabama fue creada por el Misisipi.

de cangrejos de río, hervidos y con un toque picante. Una experiencia insuperable.

Recorrer un campus UNIVERSIDAD

PLANO: 10 P. 108 D3

El campus de la **Tulane University,** uno de los principales centros de educación del Sur, promete un atractivo lienzo de robles, edificios de ladrillo rojo y parterres de césped repartidos en un recinto de 45 Ha al norte del Audubon Park (p. 112). El ambiente está garantizado –tanto si se topa con una protesta estudiantil o se es invitado a una fiesta de cerveza– y, en conjunto, es un lugar muy agradable para estirar las piernas.

Ver arte vanguardista MUSEO DE ARTE

PLANO: 11 P. 108 D2

La vida estudiantil de los campus de Tulane y Loyola permea en buena parte la cultura de Uptown, mientras que algunas de las instituciones del propio campus se erigen en las atracciones más intelectuales de la ciudad. El fascinante **Newcomb Art Museum** *(newcombartmuseum.tulane.edu; gratis, cerrado do y mo)* de Tulane custodia un interesante legado artístico, desde retratos coloniales a grabados de John James Audubon. Lo flanquean hermosos trípticos vitrales de Tiffany & Co.

Descubrir colecciones raras ARCHIVOS

PLANO: 12 P. 108 D2

Las **Tulane University Special Collections** incluyen tanto el **Southeastern Architectural Archive** como el **Hogan Archive of New Orleans Music & New Orleans Jazz** *(library.tulane.edu; gratis)*. El primero se centra en diferentes aspectos de la arquitectura del golfo Sur (de Luisiana a Florida), mientras que el último comprende material de lo más curioso, incluidos discos para gramófono (de 78 RPM). Si bien las colecciones especiales abren al público de lunes a viernes (durante el curso académico), los investigadores han de concertar una cita para acceder al material.

CONEXIÓN CARIBEÑA

Tras una revuelta liderada por esclavos en 1791, miles de esclavistas huyeron de Saint-Domingue (hoy Haití) con 'sus' esclavos y llegaron a Luisiana, consolidando así las costumbres de los criollos francófonos. Al mismo tiempo, miles de personas que habían sido esclavos en la isla llegaron a Nueva Orleans como libertos. Hacia 1810, habían llegado a Nueva Orleans 10 000 de estos isleños, lo que duplicaba la población total y triplicaba la de gente de raza negra. Asimismo, esta afluencia dejó una indeleble huella de cultura caribeña (incluida la práctica del vudú) aún palpable.

Pasear por la arbolada Loyola

UNIVERSIDAD

PLANO: 13 P. 108 **D3**

Contigua se encuentra la **Loyola University,** otro centro privado con más de 4700 alumnos. Abrió como escuela jesuita en 1904 y también posee un embriagador campus salpicado de robles y coquetos edificios, más zonas de césped aquí y allá.

Sumirse en el ambiente festivo de Freret

MERCADO Y FESTIVAL

PLANO: 14 P. 108 **G3**

Freret Street está llena de tiendas, bares, cafés y restaurantes, en el tramo que va de Napoleon a Broadway Ave. En cuanto a ambiente, los del lugar superan de lejos a los turistas, y la zona atrae a un perfil muy específico: estudiantes y profesionales.

Hay que calcular no menos de 2 h para explorar Freret. Pero si se llega el primer domingo de mes (11.00-18.00), se puede dedicar un día entero al **Freret St Market** *(freretmarket.org),* donde, además de comida, venden arte y artesanía local. El último sábado de marzo tiene lugar el **Freret St Festival** *(freretstreetfestival.org),* cuando la fiesta se desparrama por seis manzanas.

Cenar y tomar algo por Freret

RESTAURANTES Y BARES

Las opciones culinarias abundan por estos lares. En apenas dos manzanas (de Napoleon Ave a Cadiz St) se concentran dos restaurantes magníficos y un café excepcional: el **High Hat Cafe** (PLANO: 15 P. 108 **F3**; *highhatcafe.com*) es famoso por sus refinadas versiones de clásicos locales, como el *po'boy* o los platos a base de bagre. Enfrente está el **Bearcat Cafe** (PLANO: 16 P. 108 **G3**; *bearcatcafe.com*), cuya carta de desayuno recoge opciones con y sin carne.

Para tomar algo, está **Cure** (PLANO: 17 P. 108 **F3**; *curenola.com*), una de las primeras coctelerías en abrir tras el Katrina.

Sumarse a las juergas de Riverbend

SALAS DE MÚSICA

Muchos viajeros creen que la música se limita exclusivamente al Barrio Francés y al centro. Para comprobar que no es así, basta enfilar Uptown y dejarse seducir.

El **Maple Leaf** (PLANO: 18 P. 108 **B1**; *mapleleafbar.com*), en Riverbend, lleva desde 1974 llenándose hasta los topes las siete noches de la semana. Dada su cercanía a Tulane y Loyola, suele haber representación estudiantil, pero todo el mundo disfruta de sus frecuentes actuaciones, con nombres habituales como el galardonado pianista Jon Cleary (quien en una ocasión contó con la participación estelar de Bonnie Raitt) o la TBC Brass Band. Reina un ambiente de sala clandestina.

A pocas manzanas está **Carrollton Station** (PLANO: 19 P. 108 **C1**; *carrolltonstationnola.com*), un antiguo local especializado en ginebra, que cada noche acoge conciertos, monólogos y sesiones de micrófono abierto.

Seguir el rumor hasta Magazine
CLUB DE MÚSICA

PLANO: 20 P. 108 **F6**

El público lleva desde 1979 abarrotando **Le Bon Temps Roule** *(lbtrnola.com)*, cuya sede actual data de la década de 1890, pese a parecer mucho más antigua cuando los asistentes empiezan a zapatear al ritmo de Soul Rebels, una banda de metales residente (ju). Los viernes y sábados suena desde *rock* a *blues*, pasando por *funk*.

Asistir a un concierto en el legendario Tipitina's
CLUB DE MÚSICA

PLANO: 21 P. 108 **G6**

Familiarmente conocido como "Tips", **Tipitina's** *(tipitinas.com)* es otro club que hunde sus orígenes en la década de 1970 (1977, en concreto) y cuyo nombre se debe a la famosa canción interpretada por el gran cantante y pianista de *blues* Professor Longhair. Antes de ser un club, funcionó como gimnasio y burdel, y la radio local WWOZ llegó a emitir actuaciones en directo colocando un micrófono en un agujero en el suelo de una sala superior.

Gracias a esta ingeniosa idea, The Neville Brothers, Phish, Dr John, y Jane's Addiction, entre otros artistas, pudieron grabar aquí álbumes en vivo. Hoy, para disfrutar de las sesiones, solo hay que comprar una entrada.

Ver el lado más espeluznante de Nueva Orleans
DECORACIÓN DE HALLOWEEN

Nueva Orleans está casi tan enamorada de Halloween como del Mardi Gras: ambas fiestas se sustentan sobre los disfraces y cierta irreverencia hacia los poderes públicos. Dos de los reclamos asociados a Halloween más queridos de la ciudad se localizan en Magazine St y en St Charles Ave, y ambos solo pueden verse desde fuera. La **Ghost Manor** (PLANO: 22 P. 108 **H5**; *ghostmanor.org*), situada en Garden District y dirigida principalmente a las familias, es una fantasmagórica mansión sobre la que cada 20 min (algunos días) se proyectan figuras animatrónicas de esqueletos y monstruos que hacen *playback*. En Uptown, la **Skeleton House** (PLANO: 23 P. 108 **D4**; *@skeletonhousenola*), en el nº 6000 de St Charles Ave, es una inmensa mansión que, cada octubre, se llena de esqueletos que portan carteles con mensajes con doble sentido.

Profundizar sobre Nueva Orleans en una casa señorial
BIBLIOTECA MUNICIPAL

PLANO: 24 P. 108 **F5**

En un elegante emplazamiento entre árboles, la **Milton H Latter Memorial Library** *(nolalibrary.org)* fue en tiempos una mansión privada. La familia Isaac –propietaria entre 1907 y 1912– instaló molduras de madera

Le Bon Temps Roule.
WILLIAM A. MORGAN/SHUTTERSTOCK

tallada de estilo flamenco, murales holandeses y techos pintados al fresco, antes de vender la finca al aviador Harry Williams y a su mujer Marguerite Clark, estrella del cine mudo. El siguiente dueño fue el yóquey Robert S. Eddy y, luego, Harry Latter, quien cedió el edificio a la ciudad en 1948. En sus atractivas salas engalanadas con arañas de luces y óleos se podrán curiosear sus libros y revistas. Tras la biblioteca está la antigua cochera, donde venden libros a precios insuperables (10.00-14.00 mi-ju y sa).

Catar vinos en St Charles

ENOTECA

PLANO: 25 P. 108 **H4**

Para un sitio donde relajarse, saborear un vino y ver el mundo pasar, **Delachaise** *(@delachaisewinebar)* es una opción fabulosa, a un paso de la línea de tranvía de St Charles Ave (p. 110). Sus pecaminosos platillos son una maravilla, sobre todo el desmesurado sándwich de queso a la plancha con mantequilla casera de manzana. Y sus patatas fritas (cocinadas en grasa de oca) quedan irremediablemente grabadas en la memoria de cualquiera.

REPTILES PREHISTÓRICOS

Elizabeth McDade *(@GatorMuseum),* cofundadora del **Great American Alligator Museum** *(gatormuseum.com),* comparte su conocimiento sobre su reptil de Luisiana preferido.

PLANO: 28 P. 108 **H6**

"De las 26 especies de cocodrilos que existen en el mundo, solo dos son caimanes: el caimán del Misisipi y el más pequeño caimán chino. En la década de 1970, ambas especies estuvieron al borde de la extinción debido a la caza, pero gracias a los enormes esfuerzos de conservación llevados a cabo, puede decirse que la población de caimanes se ha estabilizado. Hoy, habitan unos 2 millones en Luisiana. Los ejemplares jóvenes son especialmente vulnerables, pues en los pantanos, son presa fácil de animales como la garza azul o incluso de percas atruchadas. Pero una vez alcanzan los 90 o 120 cm de longitud, no hay quien se atreva con ellos."

Entregarse a unos quesos de fábula

RESTAURANTE

PLANO: 26 P. 108 **F5**

Inaugurada por un inglés fascinado por los productos cárnicos y los lácteos fermentados, **St James Cheese Co** *(stjamescheese.com)* es la mejor quesería del lugar, un verdadero atlas del mundo del queso. Desde el de gruyère a la plancha al de jamón francés con brie, todos sus sándwiches son de lo más tentadores; se recomienda el de mozzarella con pesto y salami.

Recorrer un sendero sobre un dique

VÍA VERDE

PLANO: 27 P. 108 **A1**

Parte del Mississippi River Trail, el **Levee Path** es una incomparable vía verde que discurre sobre un dique, siguiendo las curvas del Misisipi desde el Fly (al sur del Audubon Park) hasta Jefferson Parish y más allá. Es muy indicado para caminar, trotar o montar en bici, pero las vistas del río no siempre cautivan. Téngase presente que no hay suficientes senderos que conecten el dique con la carretera inferior, de manera que si se trata de cruzar el sendero, lo más probable es que a uno le llegue el barro hasta los tobillos.

Lo mejor para...

Localizaciones en el plano de la **p. 108**

$ Económico $$ Medio $$$ Alto

Comer

Helados y 'snowballs'

Creole Creamery $
29 F5
Con imaginativos sabores, como miel de lavanda o sorbete de pera y jengibre, es imposible equivocarse en este clásico que a todo el mundo gusta. *12.00-22.00*

Lucy Boone $
30 H4
Pequeña heladería familiar que conquista con sus sublimes creaciones. *12.00-21.30*

Hansen's Sno-Bliz $
31 F6
Desde 1939, sirve algunas de las mejores *snowballs* (granizados con sirope) de Nueva Orleans. *12.00-18.00 ma-do mar-oct*

Restaurantes abiertos hasta tarde

Clancy's $$$
32 C6
Impecable restaurante de barrio que apuesta por la buena vida y la cocina criolla. *17.00-21.30 ma-sa, 11.30-14.00 ju y vi*

Boucherie $$$
33 C1
Elogiadísimo tanto por sus embutidos caseros y suculentos platos sureños como por su exuberancia. *17.00-21.30 mi-sa, 11.00-14.00 vi*

Delachaise $$
véase 25 H4
Sensacionales creaciones como, p. ej., un contundente sándwich de queso a la plancha con mantequilla casera de manzana. *16.00-1.00 lu-ju, 12.00-2.00 vi-do*

Mosquito Supper Club $$$
34 H4
Encantadora propuesta con un seductor patio donde paladear creativa cocina cajún. *17.30-21.30 mi-do*

Cocina internacional

Saba $$$
35 D5
Cocina israelí moderna que refleja la diversidad de la diáspora judía. *17.00-21.00 do-ju, 22.00 vi y sa, 10.00-2.30 sa y do*

Mister Mao $$
36 G6
Para compartir delicias panasiáticas como pollo frito cachemir. *17.00-21.00 ju-ma, hasta 22.00 vi y sa, 11.00-14.00 sa y do*

Avo $$$
37 D5
Romántico restaurante de cocina italiana moderna con énfasis en las especialidades sicilianas. *17.00-21.00 ma-sa*

Comida informal y para pícnics

Nomiya $$
38 G6
El *ramen* es siempre buena idea, sobre todo aquí, donde bordan el *tonkotsu* (con caldo de cerdo). *11.30-21.00 ma-do, hasta 22.00 vi y sa*

Guy's $
39 E6
Legendario local de *po'boy* donde cada sándwich se prepara meticulosamente, por más cola que se forme fuera. *11.00-16.00 lu-sa*

Ms Mae's.
WILLIAM A. MORGAN/SHUTTERSTOCK

Whole Foods Market $

40 D6

Antaño una cochera de tranvías, Arabella Station alberga una gigantesca tienda de comestibles con platos preparados ideales para un pícnic. *8.00-21.00*

Zee's Pizzeria $

véase 30 H4

Conocido por la frescura de sus ingredientes, conviene ir temprano para no hacer cola. *11.30-20.00 mi-ju, hasta 21.00 vi-do*

Beber

Baretos

Snake & Jakes

41 C2

Perfecto para tomar algo en un buen ambiente, parece la cabaña de un pescador engalanada para Navidad. *19.00-5.00*

Brothers Three

42 G6

Pese a su exterior amarillo chillón, es una especie de caverna frecuentada por una bullanguera parroquia. *12.00-4.00*

Ms Mae's

véase 7 G6

Legendario garito ideal para jugar al billar o a máquinas de videojuegos mientras se toma una cerveza bien fría. *24 h*

Carrollton Station

véase 19 C1

Auténtico bar de barrio que atrae a los clásicos personajes que hacen que esta ciudad sea tan especial. *16.00-3.00 lu-vi, desde 11.00 sa y do*

St Joe's

43 E5

Fantástico bareto donde tomar un mojito de arándanos bajo los farolillos de su patio. *15.00-2.00 ma-do, 17.00-2.00 lu*

Bares con clase

Columns Hotel

44 H4

Con personalidad propia, invita a tomar una copa o a picar algo en su porche delantero, en el elegante patio o en la barra de caoba. *11.30-22.00*

The Chloe

45 G4

Otra belleza en St Charles: un encantador hotel-*boutique* perfecto para disfrutar de una copa en su verde patio o junto a la piscina. *11.00-22.00*

Bouligny Tavern

46 H5

Una seductora iluminación, cócteles originales y una amplia carta de vinos en un ambiente animado. Infalible. *16.00-24.00 lu-sa*

Comprar

Recuerdos y juguetes

Dirty Coast

47 D5

Vende ingeniosas camisetas y pegatinas con simpáticos lemas asociados a cuestiones y sucesos locales. *11.00-18.00 lu-ju, 10.00-18.00 vi-do*

Magic Box Toys

48 E6

Cerca del cruce con Octavia St, a más de un peque le encandilará esta fascinante tienda de juguetes. *10.00-17.00 lu-ju, 10.00-18.00 vi-sa, 11.00-16.00 do*

Música y vinilos

Peaches Records & Tapes

véase 7 G6

Excelente tienda entregada a la encomiable labor de promocionar, catalogar y anunciar la mejor música local. *10.00-19.00 lu-sa, 10.00-17.00 do*

Uptown Music Exchange

49 E6

Parada obligada de músicos iniciados y consumados: venden e intercambian instrumentos nuevos y usados. *13.00-18.00 ma-vi, 12.00-17.00 sa*

Artesanía y menaje

Potsalot

50 H5

Artículos únicos de cocina, baño y hogar en general, como cuencos, fuentes y recipientes de loza. *11.00-17.00 ma-sa*

Hazelnut

51 E5

Además de los clásicos *toiles* con estampas de Nueva Orleans, tienen cristalería bañada en oro, cerámica posmoderna y otras formidables creaciones. *10.00-18.00 lu-sa, 12.00-17.00 do*

Sugerencias de lugares para comer en **p. 137**

Explora
Mid-City, Bayou St John y el City Park

Ubicada en la parte más baja de la depresión geográfica de la ciudad, en una zona de tierras pantanosas y garitos de apuestas clandestinos, Mid-City y sus barrios adyacentes hoy constituyen una de las áreas residenciales más agradables de Nueva Orleans. Este particular distrito comprende hileras de *shotgun houses,* carriles-bici y núcleos urbanos que laten al ritmo de bares y restaurantes. Puede que el Misisipi sea el río que define Nueva Orleans, pero el lánguido Bayou St John, enmarcado por coquetas casas, es la corriente de agua que secciona de veras la urbe, fluyendo hacia los espacios verdes del City Park, pulmón indiscutible de la ciudad.

Cómo desplazarse

Tranvía
El ramal que parte de la línea de Canal St hacia el City Park recala en Carrollton St antes de llegar al parque.

Autobús
El nº 91 sube por Esplanade Ave, dobla hacia Mid-City y pasa junto al City Park, al igual que el nº 27, que, en cambio, sigue Louisiana Ave. El nº 94 secciona City y Tremé en su recorrido por Broad Ave.

Automóvil
En ambos barrios hay aparcamiento gratuito de sobra.

Bicicleta
Tanto el Lafitte Greenway como Esplanade Ave disponen de carril-bici.

El City Park (p. 129).
WILLIAM A. MORGAN/SHUTTERSTOCK

★

LO MEJOR

ESTAMPA FLORAL
Botanical Gardens (p. 129)

ESCAPADA A LA NATURALEZA
Couturie Forest (p. 131)

EXPOSICIONES DE ARTE
New Orleans Museum of Art (p. 131)

RUTA EN BICI
Lafitte Greenway (p. 133)

FESTIVAL DE MÚSICA
Jazz & Heritage Fest (p. 133)

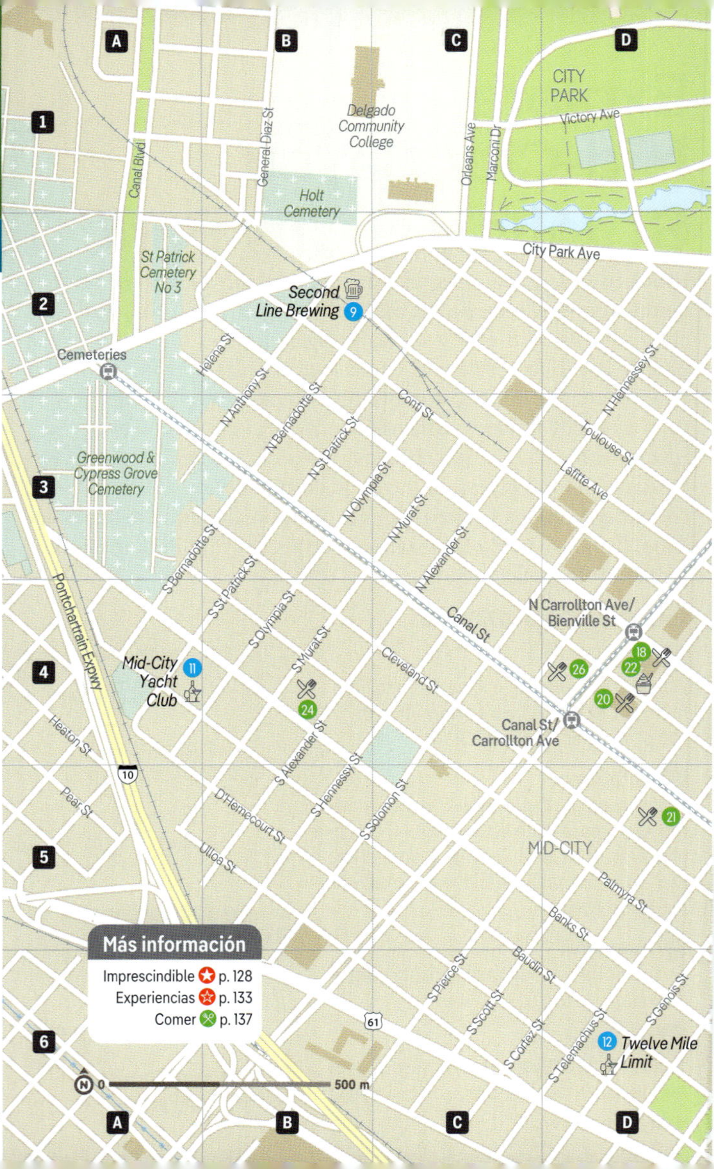
A
B
C
D
1
2
3
4
5
6
CITY PARK
Victory Ave
Delgado Community College
General Diaz St
Orleans Ave
Marconi Dr
Canal Blvd
Holt Cemetery
City Park Ave
St Patrick Cemetery No 3
Second Line Brewing
9
Cemeteries
Helena St
N Anthony St
N Bernadotte St
N St Patrick St
Conti St
N Hennessey St
Toulouse St
Lafitte Ave
Greenwood & Cypress Grove Cemetery
N Olympia St
N Murat St
N Alexander St
S Bernadotte St
S St Patrick St
S Olympia St
S Murat St
Pontchartrain Expwy
Canal St
N Carrollton Ave/ Bienville St
Cleveland St
Mid-City Yacht Club
11
24
26
18
22
20
Canal St/ Carrollton Ave
Heaton St
10
S Alexander St
S Hennessy St
S Solomon St
Pear St
D'Hemecourt St
21
Ulloa St
MID-CITY
Palmyra St
Banks St
Más información
Imprescindible p. 128
Experiencias p. 133
Comer p. 137
Baudin St
S Pierce St
S Scott St
S Cortez St
S Telemachus St
S Genois St
61
12
Twelve Mile Limit
0
500 m

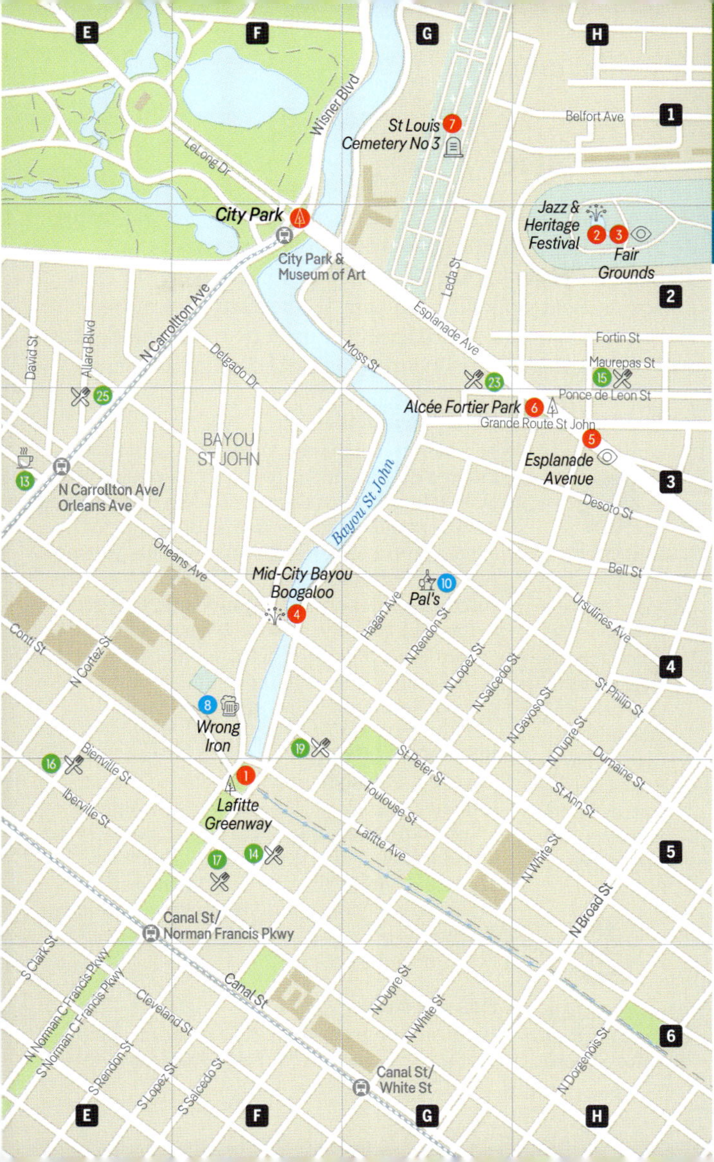
E
F
G
H
1
2
3
4
5
6
St Louis Cemetery No 3
7
Belfort Ave
Wisner Blvd
LeLong Dr
City Park
City Park & Museum of Art
Jazz & Heritage Festival
2
3
Fair Grounds
Leda St
Esplanade Ave
N Carrollton Ave
Delgado Dr
Moss St
Fortin St
Maurepas St
15
23
Ponce de Leon St
Alcée Fortier Park
6
Grande Route St John
5
Esplanade Avenue
David St
Allard Blvd
25
BAYOU ST JOHN
13
N Carrollton Ave/ Orleans Ave
Bayou St John
Desoto St
Bell St
Orleans Ave
Mid-City Bayou Boogaloo
4
Pal's
10
Hagan Ave
N Rendon St
Ursulines Ave
Conti St
N Cortez St
N Lopez St
N Salcedo St
N Gayoso St
St Philip St
8
Wrong Iron
19
N Dupre St
Dumaine St
16
Bienville St
1
St Peter St
Toulouse St
St Ann St
Iberville St
Lafitte Greenway
Lafitte Ave
14
17
N White St
N Broad St
Canal St/ Norman Francis Pkwy
S Clark St
N Norman C Francis Pkwy
S Norman C Francis Pkwy
Cleveland St
Canal St
N Dupre St
N White St
N Dorgenois St
S Rendon St
S Lopez St
S Salcedo St
Canal St/ White St

★ IMPRESCINDIBLE

City Park

Robles sureños, musgo español y perezosos *bayous* son testigo de la magistral planificación urbana del **City Park.** Con 5 km de largo por 1,5 km de ancho, tachonado de jardines, cursos de agua y puentes, y hogar de un cautivador museo de arte, este parque es más grande que el neoyorquino Central Park y constituye la zona verde más bella de Nueva Orleans.

PLANO: P. 126 **F2**

CONSEJO
El tranvía de Canal (City Park/ Museum) está particularmente indicado para ir al parque. Con vehículo propio, hay aparcamiento gratis cerca del museo y el Café Du Monde.

Escanea este código QR para más información y eventos especiales.

Histórico robledal

La nudosa, centenaria e imponente población arbórea del parque se aprecia en todo su esplendor en el **Historic Oak Grove,** donde crecen miles de robles sureños –algunos de más de seis siglos de edad– junto a cipreses calvos, magnolias y demás especies. Durante el huracán Katrina, los canales cercanos se desbordaron e inundaron más del 90 % del parque bajo una capa de 2,5 m de agua salobre. Se perdieron muchos árboles de valor incalculable; no así los que se arremolinan junto a City Park Ave, que por suerte aún se conservan.

Inspiración griega

El vistoso **Peristyle** es un pabellón erigido en 1907, que además de destacar por sus columnas y los cuatro leones que lo custodian, parece haber viajado en el tiempo desde la antigua Grecia. Construido originalmente para albergar eventos privados, es el lugar elegido para la celebración de muchas bodas y sesiones fotográficas de fiestas de *quinceañeras*.

Más que café

Un buen sitio para saciar el deseo de comer *beignets* es la sucursal de **Café du Monde** del City

KIT LEONG/SHUTTERSTOCK

Park, ideal para darse un dulce capricho mientras se escucha trinar a los pájaros.

Jardín botánico

Uno de los reclamos más populares del parque son los **Botanical Gardens** *(adultos/niños 12/6 US$)*, donde además de especies de flora autóctona y de fuera, se observarán fascinantes ejemplos de obras acometidas por la Works Progress Administration (WPA), pabellones y espacios para eventos.

Ocio infantil

Pese a no haber atracciones en **Storyland** *(adultos/niños hasta 90 cm de altura 6 US$/ gratis)*, sus estatuas de cuento de hadas son muy propicias para que los peques den rienda suelta a la imaginación, jugando con el Jabberwocky de

UNA PAUSA
El mejor sitio para tomar un café o picar algo es el **Café NOMA,** accesible sin necesidad de pagar la entrada al museo.

UN ROBLE MUY PARTICULAR
El **Singing Oak** ("roble cantarín") está adornado con carillones de viento, algunos de 4 m de largo. Para una experiencia única, hay que situarse bajo el árbol cuando sople el viento y escuchar el relajante tintineo.

Alicia en el País de las Maravillas o metiéndose en la boca de la ballena de *Las aventuras de Pinocho*. Si las figuras resultan sospechosamente similares a las carrozas del Mardi Gras, es porque son obra del genial Blaine Kern.

Pintoresca propuesta

El coqueto **Carousel Gardens** *(adultos/niños 15/25 US$)* gravita en torno al tiovivo homónimo: una joya *vintage* alojada en una antigua estructura de 1906, exquisitamente restaurada, rematada por una cúpula con vitrales: un espectacular pedacito de historia de los parques de atracciones.

Carousel Gardens.
JAIMIE TUCHMAN/SHUTTERSTOCK

Solemnes árboles

La sección más agreste del parque es el retazo de árboles de madera dura conocido como **Couturie Forest,** donde robles sureños proporcionan sombra al frondoso monte bajo y las setas brotan de la tierra húmeda. Lo mejor es estacionar en el aparcamiento junto a Harrison Ave o en la oficina de voluntario del parque (1031 Harrison Ave), seguir cualquier sendero a la vista y disfrutar caminando sin rumbo. De regreso entre los árboles, tal vez se tope con el monte Laborde, que es (con tan solo 8 m de altura) el punto más elevado de Nueva Orleans.

Enorme lago

Pese a su nombre carente de imaginación, el **Big Lake** es precisamente eso: la mayor masa de agua del City Park. Muchos lugareños han pasado media vida paseando por el apacible sendero pavimentado que circunnavega el lago. Para verlo desde el agua, se puede alquilar una barca a pedales en forma de cisne en **Wheel Fun Rentals** *(wheelfunrentals.com; 38 US$/h).*

Arte

Inaugurado en 1911, el elegante **New Orleans Museum of Art** *(noma.org; adultos/niños 20 US$/gratis),* o NOMA, es digno de verse por sus muestras especiales, su atrio de mármol y sus salas de arte africano, asiático, flamenco, italiano y sureño. Sus exposiciones temporales –cada vez más innovadoras en los últimos años– pueden incluir retrospectivas sobre diseño de mobiliario estadounidense, arte en los templos del antiguo Egipto o galerías que abordan la complicada geografía racial de la ciudad. El NOMA parece un templo grecorromano que asoma sobre un pasillo de árboles erigiéndose en una arrebatadora puerta de entrada al parque. Cerrado lunes.

ELEGANCIA EN MAYÚSCULAS

Abrazada por 26 columnas corintias y árboles perennes, la **fuente de Popp** luce un maravilloso diseño de la década de los años veinte, con una base de bronce que presenta varios delfines retozando.

TERRITORIO DE DUELOS

Durante años, el City Park fue el lugar elegido para batirse en duelo bajo el **Dueling Oak,** hoy junto al Sculpture Garden.

OJO: ¡CAIMANES!
Hay que tener especial cuidado al caminar junto al agua o al pasear al perro, pues –por increíble que parezca– se han avistado caimanes en la zona.

ACERCA DEL PARQUE
Aunque el parque data de 1854, buena parte de la infraestructura y mejoras (incluidos los senderos, puentes y estética *art déco*) las acometió la WPA durante la Gran Depresión.

Jardín escultórico

El **Sydney & Walda Besthoff Sculpture Garden** *(gratis)* se sitúa delante del NOMA, envuelto por un arbolado manto de arroyos, senderos, bancos y esculturas, contemporáneas en su mayoría.

Canales diseñados ingeniosamente acompañan a los senderos en lo que es un claro guiño a la ubicua presencia del agua en la vida en esta ciudad. En primavera y verano suelen programarse representaciones teatrales.

Museo infantil

El **Louisiana Children's Museum** *(lcm.org; adultos y niños 18 US$)* es una especie de guardería de alta tecnología en la que los críos lo pasarán en grande trasteando hasta la hora de la siesta. El patrocinio de numerosas empresas se traduce en infinidad de exposiciones interactivas. La muestra “Move with the River” permite que aprendan sobre la red hidrográfica divirtiéndose al mismo tiempo. Además, podrán ir de compras a una tienda de comestibles impostada o hacer calcos de las hojas de los árboles del parque.

Aunque no es preciso reservar, se aconseja reservar entradas para franjas horarias específicas. Cerrado lunes.

EXPERIENCIAS

Hacer una ruta en bici

SENDA CICLISTA Y PEATONAL

PLANO: 1 P. 126 **F5**

El **Lafitte Greenway** discurre a lo largo de unos 4 km, desde Tremé (cerca del cruce de Basin St con Lafitte Ave) hasta Carrollton Ave, pasando por Mid-City, con extensas zonas arboladas y yerbas pantanosas: una atractiva estampa donde la fecunda jungla subtropical se adueña del paisaje urbano.

En Hagan Ave, a la vera del Bayou St John, se verán dos esculturas: Iris of Memory, una flor de metal que brilla con mayor intensidad conforme uno se acerca a ella; y Turning, una serie de cilindros de oración con mosaicos incrustados que representan el poder creativo del río Misisipi, cuyo caudal ha moldeado las tierras sobre las que se construyó esta ciudad.

Más adelante, el camino se estrecha, pasando por tiendas, murales, bloques de apartamentos y, al llegar a North Carrollton Ave, un enorme centro comercial. Para dar con el City Park (p. 128), basta cruzar esta avenida y caminar a la derecha por Alexander St.

Vibrar con el Jazz Fest

FESTIVAL DE MÚSICA

PLANO: 2 P. 126 **H2**

Considerado una de las citas en clave musical más famosas del mundo, el **Jazz & Heritage Fest** *(nojazzfest.com; entradas desde 110 US$)* es un evento fundamental en el calendario festivo de la ciudad, con un cartel siempre estelar compuesto por bandas y solistas de un amplio espectro de géneros. Varios talentos locales apuntalan la presencia de superestrellas nacionales e internacionales (Rolling Stones, Elton John, Ed Sheeran, Buddy Guy). Y por si fuera poco, hay deliciosa comida, un pueblo de tradiciones culturales vivas, desfiles del **Second Line** (p. 144) y actividades infantiles.

Se celebra durante ocho días en Fair Grounds, en cuyo recinto se monta más de una docena de escenarios, varios de ellos en inmensas carpas donde resguardarse del sol abrasador; otros, encarados a grandes zonas de césped ideales para hacer un pícnic. La gastronomía ocupa un papel central; hay que ir con apetito para disfrutar de sus muchas tentaciones.

Las dos semanas que dura el festival (ju-do) abarcan el último fin de semana de abril y el primero de mayo.

Ver una carrera de caballos

HIPÓDROMO

PLANO: 3 P. 126 **H2**

Casi todos los visitantes asocian **Fair Grounds** *(fairgroundsracecourse.com)* al evento más famoso que acoge cada año:

el New Orleans Jazz & Heritage Fest (p. 133), momento en que su apacible barrio residencial se transforma al completo en una incesante fiesta callejera.

Pero el fascinante legado de Fair Grounds va mucho más allá. Creado en 1852, se trata del tercer circuito hipódromo más grande del país. Hoy, celebra tanto carreras de caballos como otras más idiosincrásicas: de avestruces, perros salchicha y corredores dentro de un tiranosaurio inflable. La temporada arranca en torno al Día de Acción de Gracias (4º ju nov) y hay carreras casi todos los fines de semana hasta mediados de marzo.

Moverse al son de la música en vivo

FESTIVAL

PLANO: 4 P. 126 **F4**

Muy exitoso entre los del lugar, **Mid-City Bayou Boogaloo** *(thebayouboogaloo.com; entrada desde 15 US$)* es un fantástico festival de "temporada media", con música en directo, buen tiempo (por regla general) y un ambiente de cordialidad. Los asistentes se congregan en la zona verde desplegada junto al Bayou St John –o, quienes disponen de embarcaciones, en el propio *bayou*– para disfrutar de las actuaciones y comer cangrejos de río.

Explorar Esplanade Avenue

VÍA PINTORESCA

Hay que explorar el tramo de **Esplanada Avenue** (PLANO: 5 P. 126 **H3**) enclavado entre Broad St y City Park, y más concretamente, la acaudalada Esplanade Ridge, flanqueada de tupidos robles sureños y bonitas mansiones de estilo criollo francés con fachada porticada. En el nº 2936 se observa un templo hindú (perteneciente a los Hare Krishna) que se mimetiza entre las viviendas color pastel. No lejos, en el nº 1436 de Leda St, se halla la más opulenta de todas, la Luling Mansion, de estilo italiano, con 18 estancias y, en su apogeo, con un terreno de 12 Ha.

Entre Esplanade, Grand Route St John y Mystery St está el **Alcée Fortier Park** (PLANO: 6 P. 126 **H3**),

PASIÓN POR EL 'JAZZ' EN MID-CITY

Quienes vayan al Jazz Fest deberían alejarse por un momento de Fairgrounds y explorar las manzanas aledañas a Ponce de Leon St y Maurepas St, cuyo ambiente es de lo más auténtico: gente reunida en el porche de su casa, vendedores de chupitos de gelatina, y ágapes a base de cangrejos de río por doquier; si el viajero cae en gracia a algún lugareño, tal vez le inviten a probarlos. Se verán incluso conciertos improvisados que contribuyen al ambiente festivo: prueba irrefutable de que Nueva Orleans es cuna ilimitada de talento musical.

Mid-City Bayou Boogaloo.
WILLIAM A. MORGAN/SHUTTERSTOCK

que ocupa una curiosa parcela triangular.

Pasear por un viejo camposanto

CEMENTERIO

PLANO: 7 P. 126 **G1**

Muy cerca se encuentra el **St Louis Cemetery No 3** *(nolacatholiccemeteries.org)*, uno de los camposantos menos conocidos de la ciudad (y, pese a ello, esplendoroso), fundado en 1854. Resulta especialmente llamativo el monumento diseñado por el arquitecto James Gallier Jr. en recuerdo de sus padres, quienes perdieron la vida en el mar; queda a un paso a la derecha, según se accede por Esplanade Ave. Destaca por su belleza el portón de entrada al cementerio, de hierro forjado.

Relajarse en la terraza de una cervecería

BARES APTOS PARA FAMILIAS

Wrong Iron (PLANO: 8 P. 126 **F4**; *wrongiron.com*) es una magnífica cervecería con un pequeño jardín junto al Lafitte Greenway y más de 50 variedades de cerveza, además de vinos, cócteles y bebidas granizadas. Se permite la entrada a niños.

Los lugareños también frecuentan **Second Line Brewing** (PLANO: 9 P. 126 **B2**; *secondlinebrewing.com*), una antigua nave industrial convertida en cervecería con patio, zona de juegos y gastronetas.

Hacer la previa en Pal's

BAR DE BARRIO

PLANO: 10 P. 126 **G4**

Cuesta creer que Mid-City carezca del tirón de otras zonas de ocio nocturno, y eso a pesar de que algunos de los mejores bares de barrio de la ciudad se concentran aquí. Es muy divertido ir de copas por estos lares; recúrrase al taxi para desplazarse.

A unas manzanas del Bayou St John queda **Pal's** *(@palslounge nola)*, un bar de barrio que atrae a una dispar clientela dada a desparramarse por la calle. Hay que esperar cócteles como la *gingerita,* un brebaje propio de un sofisticado establecimiento de Manhattan.

Codearse con los asiduos de un célebre bar

BAR DEPORTIVO

PLANO: 11 P. 126 **A4**

Más al norte, en las lindes de Mid-City, se ubica el **Mid-City Yacht Club** *(midcityyachtclub.com),* un club de regatas cuyo bar se dio a conocer después de que uno de sus patronos ayudara a rescatar a víctimas del Katrina; la barra está hecha con maderas recuperadas y su ambiente está a medio camino entre un garito y un bar deportivo. Su oferta culinaria –de lo mejorcito de la zona– incluye hamburguesas que no defraudan.

Tomar algo entre gente divertida

BAR ECLÉCTICO

PLANO: 12 P. 126 **D6**

El **Twelve Mile Limit** *(twelvemilelimit.com),* en pleno centro de Mid-City, es un bar genial atendido por un personal intachable. El ambiente es acogedor; la clientela, joven y divertida; y a lo largo del año acoge eventos como fiestas de ambiente, noches de música en vinilo, un bingo muy picantón y karaoke.

Lo mejor para...

Localizaciones en el plano de la p. 126

$ Económico $$ Medio $$$ Alto

Comer

Cafés y 'delis'

Bean Gallery $
13 E3
Popular por su espacioso interior. *6.30-24.00 do-ju, hasta 22.00 vi y sa*

Smoke & Honey $$
14 F5
Delicatesen judío y restaurante griego con café recién tostado. *8.00-15.00 a diario, 17.00-21.00 lu, ma, ju-sa*

'Comfort food'

Liuzza's by the Track
15 H2
Gumbo, po'boys de gambas a la parrilla y ostras fritas al ajillo. *11.00-20.00 lu-vi, hasta 15.00 sa*

Katie's $$
16 E5
Todo aquí rebosa o bien salsa *remoulade* o mantequilla de ajo. *11.00-21.00 lu-ju, hasta 22.00 vi y sa, 10.00-17.00 do*

Neyow's $$
17 F5
Platos de altos vuelos, como chuletas de cerdo rebozadas y bagre a la plancha. *11.00-21.00 lu-ju, hasta 23.00 vi y sa, desde 10.00 do*

Porgy's $$
18 D4
Sublimes crustáceos locales preparados con tino. *11.00-19.00, hasta 17.00 do*

Parkway Tavern $
19 F4
De éxito contrastado por sus enormes *po'boys*, sirve, además, exquisito *gumbo* y *jambalaya*. *10.00-18.00 mi-do*

Cocina italiana

Venezia $$
20 D4
Como sacado de una película de la mafia de los años cincuenta, con manteles a cuadros y botellas de Chianti a modo de candelabros. *16.00-22.00 mi-sa y lu, 12.00-21.00 do*

Mandina's $$
21 D5
Venerado templo de la cocina siciliana local; destacan la trucha *almondine* (con almendras) y las chuletas de ternera. *11.00-21.00 do-ju, hasta 21.30 vi y sa*

Angelo Brocato $
22 D4
La heladería más antigua de la ciudad, de 1905. *10.00-22.00 ma-sa, hasta 21.00 do*

Terranova's $
23 G2
No hay mejor sitio para surtirse de embutidos y quesos italianos de cara a un pícnic. *8.00-18.30 lu-vi, 9.00-15.00 sa*

Para carnívoros

Bub's Burgers $
24 B4
Apto para familias y de ambiente *retro*, con máquinas de videojuegos y suculentas *smash burgers*. *11.00-22.00 ma-do*

Toups' Meatery $$$
25 E3
Carne y *boudin* en un local que parece una cabaña de cazadores. *17.00-22.00 do-ju, hasta 23.00 vi y sa, 11.00-15.00 lu-sa, desde 10.00 do*

Revel $
26 D4
Fantásticos cócteles, patatas fritas al estilo belga y hamburguesas de aúpa. *16.00-23.00 ma-ju, hasta 24.00 vi y sa*

Sugerencias de lugares para comer y beber en **p. 147**

Explora Tremé-Lafitte

Las casas, calles e iglesias de este barrio son reflejo de una singular mezcla de costumbres caribeñas, europeas y de África occidental. Hoy en día, pocos sitios permiten sentir la vida cultural de Nueva Orleans como, seguramente es el vecindario afroamericano más antiguo de EE UU. En él crearon el *jazz* los descendientes de los esclavos, combinando ritmos africanos con la síncopa europea y el talento local para la improvisación. Al pensar que el *jazz* condujo al *rock* y este al *hip-hop* y al pop, hay que recordar que las raíces de ese árbol musical se encuentran aquí.

Cómo desplazarse

Autobús
La zona está bien atendida por varias líneas; los n° 51, 52, 57 y 91 pasan por Tremé-Lafitte.

Tranvía
El de Rampart circula por los límites del barrio hasta la intersección de St Claude Ave con Elysian Fields Ave.

Bicicleta
El Lafitte Greenway comienza y termina aquí. Esplanade Ave cuenta con carril-bici. Puede haber socavones en las calles residenciales más pequeñas.

Automóvil
Aunque aparcar en Rampart St puede ser latoso, no lo es en el resto del barrio.

Louis Armstrong Park (p. 145).
JEJIM/SHUTTERSTOCK

LO MEJOR

CIRCUITO POR NECRÓPOLIS
St Louis Cemetery No 1 (p. 142)

FIESTA DOMINICAL
Desfiles de la Second Line (p. 144)

DOSIS DE CULTURA
Backstreet Cultural Museum (p. 145)

ZONA VERDE Louis Armstrong Park (p. 145)

COCINA CRIOLLA
Dooky Chase (p. 146)

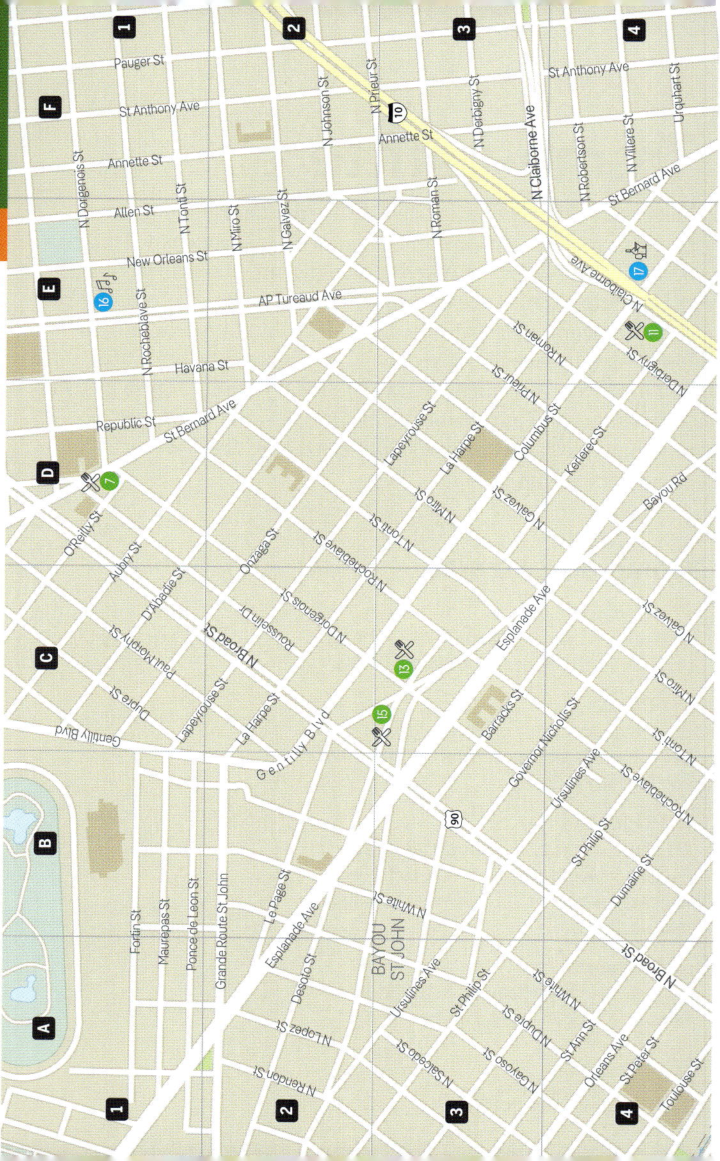
Pauger St
St Anthony Ave
Annette St
Allen St
New Orleans St
AP Tureaud Ave
Havana St
Republic St
St Bernard Ave
N Dorgenois St
N Tonti St
N Miro St
N Galvez St
N Johnson St
N Prieur St
N Roman St
N Derbigny St
N Claiborne Ave
N Robertson St
N Villere St
Urquhart St
N Rocheblave St
O'Reilly St
Aubry St
D'Abadie St
Onzaga St
Paul Morphy St
Dupre St
Gentilly Blvd
Lapeyrouse St
La Harpe St
N Broad St
Roussellin Dr
Columbus St
Kerlerec St
Bayou Rd
Esplanade Ave
Barracks St
Governor Nicholls St
Ursulines Ave
St Philip St
Dumaine St
Fortin St
Maurepas St
Ponce de Leon St
Grande Route St John
Le Page St
Desoto St
N Lopez St
N Rendon St
N Salcedo St
N Gayoso St
N White St
BAYOU ST JOHN
St Ann St
Orleans Ave
St Peter St
Toulouse St
A
B
C
D
E
F
1
2
3
4
7
11
13
15
16
17
10
90

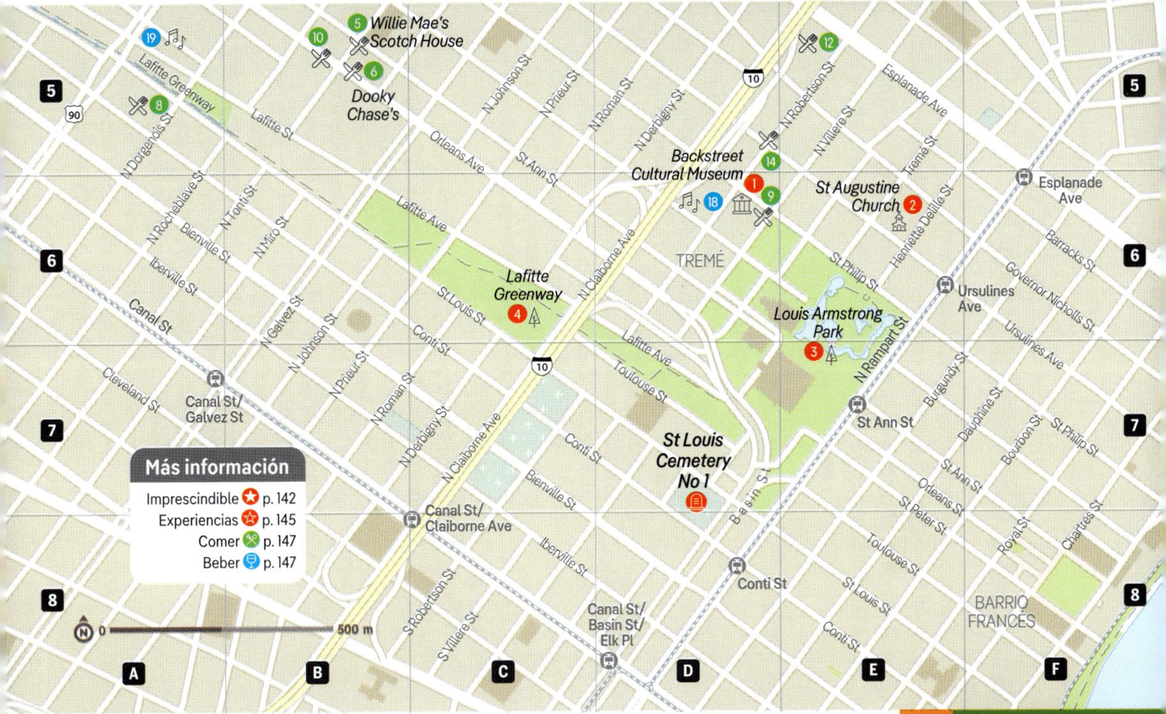
Willie Mae's Scotch House
Dooky Chase's
Backstreet Cultural Museum
St Augustine Church
Louis Armstrong Park
Lafitte Greenway
St Louis Cemetery No 1
TREMÉ
BARRIO FRANCÉS
Esplanade Ave
Ursulines Ave
St Ann St
Conti St
Canal St/ Basin St/ Elk Pl
Canal St/ Claiborne Ave
Canal St/ Galvez St
Lafitte Greenway
Lafitte St
Lafitte Ave
Orleans Ave
St Ann St
St Louis St
Conti St
Bienville St
Iberville St
Canal St
Cleveland St
Toulouse St
Basin St
N Claiborne Ave
N Johnson St
N Prieur St
N Roman St
N Derbigny St
N Robertson St
N Villere St
Treme St
Henriette Delille St
St Philip St
N Rampart St
Barracks St
Governor Nicholls St
Burgundy St
Dauphine St
Bourbon St
Royal St
Chartres St
Orleans St
St Peter St
N Dorgenois St
N Rocheblave St
N Tonti St
N Miro St
N Galvez St
S Robertson St
S Villere St
Más información
Imprescindible p. 142
Experiencias p. 145
Comer p. 147
Beber p. 147
0
500 m
A
B
C
D
E
F
5
6
7
8

★ IMPRESCINDIBLE

St Louis Cemetery No 1

Nueva Orleans tiene mucha influencia de la cultura española y francesa de construcción de mausoleos, y las grandes necrópolis son una imagen recurrente en toda la ciudad. Creado en 1789, el **St Louis Cemetery No 1** es el más famoso de todos, aunque solo puede verse en una visita guiada.

PLANO: P. 140 **D7**

CONSEJO
Lo mejor es reservar una visita guiada (matinal o vespertina) con **Cemetery Tours NOLA** *(adultos/niños 25/18 US$)* para escapar de las aglomeraciones y el calor.

Escanea este código QR para reservar los circuitos de Cemetery Tours NOLA.

Estación de Basin St

El circuito de 45 min empieza enfrente del cementerio, en Basin St Station *(basinststation.com)*, que funciona como atractivo punto de información con sensacionales exposiciones sobre la historia y los barrios de la urbe. El edificio es un verdadero icono arquitectónico. Erigido en 1904, en su día fue el centro de mercancías y equipajes de Southern Railway, y es el último vestigio que se conserva de las cinco estaciones de ferrocarril y edificios de época que en tiempos había en la ciudad.

Sepulcros

En St Louis No 1 descansan algunas de las figuras históricas más insignes de Nueva Orleans. Aquí yacen los restos del activista de los derechos civiles Homer Plessy, además del especulador inmobiliario Bernard de Marigny y el arquitecto Benjamin Henry Latrobe (diseñador de la torre central de la St Louis Cathedral, entre otras estructuras).

La tumba de la Italian Mutual Benevolent Society es el monumento más alto del recinto. Al igual que otros grupos de emigrantes, los italianos crearon una mutua que tenía por objeto sufragar los gastos de los funerales de sus miembros. Este mausoleo aparece en una escena de la película *Easy Rider* en la que Peter Fonda, bajo los efectos del LSD, se sube a una

PAGE LIGHT STUDIOS/SHUTTERSTOCK

estatua y rompe a llorar. Tras el estreno del filme, la archidiócesis prohibió grabar allí.

Mayor reclamo

Ninguna tumba suscita tanto interés como la de Marie Laveau, la "reina del vudú de Nueva Orleans". Hay bastante discrepancia en torno al tema; no en vano, para los empleados de las tiendas especializadas del Barrio Francés, Laveau fue una especie de heroína de los derechos civiles, mientras que varios historiadores locales sostienen que se hizo famosa comercializando el vudú entre un público blanco tan adinerado como ingenuo.

Hace años, su cripta fue objeto de vandalismo, lo que obligó a restringir el acceso al cementerio, mientras continuaba el debate de qué Marie Laveau (madre e hija se llamaban igual) está realmente enterrada aquí.

UNA PAUSA
A un corto trayecto del cementerio, **Backatown Coffee Parlour** *(8.00-15.00)* es un encantador y soleado café ideal para disfrutar de un *latte* con bollería, *quiche* o un sándwich.

★ IMPRESCINDIBLE

Desfiles de la Second Line

Second Line ("segunda línea") se refiere a los palpitantes desfiles o pasacalles que tienen lugar en los barrios de Nueva Orleans, muy especialmente aquellos organizados por las asociaciones afroamericanas locales ligadas a Social Aid and Pleasure (S&P). A sus integrantes, vestidos con garbo y entregados al ritmo de la música, les sigue una banda y una marea de asistentes deseosos de bailar sin parar.

CONSEJO
Los pasacalles se celebran todos los domingos de septiembre a mayo, por lo general en la zona de Tremé y Central City. Los recorridos se pueden consultar en la web de WWOZ *(wwoz.org)*.

Escanea este código QR para saber cuándo serán los próximos desfiles.

Llamativos trajes y música de orquesta

No dejará a nadie indiferente ver a los miembros de S&P ataviados con deslumbrantes trajes, sombreros y zapatos, y provistos de floridos paraguas y abanicos, desfilando por las calles en compañía de una banda. La música, atronadora, es incesante y el *steppin* (un contagioso estilo de baile sincopado que la gente ejecuta mientras camina al estilo de una formación militar) es un espectáculo sin igual. Esta sería la First Line.

Unirse a la fiesta

Detrás de los integrantes de S&P y la banda, sigue la Second Line: la multitud que se mueve al ritmo de la música. Cientos de personas (a veces, miles) bailan en la Second Line, parando cada tanto para tomar o picar algo, sin salirse de la ruta establecida. Todo el mundo es bienvenido; solo hay que procurar no desentonar. Al sacar fotos, no hay que estorbar a los bailarines y la banda. Esta clase de pasacalles pueden durar horas, pero la gente puede entrar y salir a su antojo. Mejor ir con tiempo de sobra, pues no siempre empiezan con puntualidad.

EXPERIENCIAS

Aprender acerca de tradiciones arraigadas

LEGADO AFROAMERICANO

PLANO: 1 P. 140 **D6**

La inconfundible cultura de Nueva Orleans está profundamente arraigada a las costumbres, tradiciones y música de la comunidad afroamericana, que a su vez adquiere un carácter muy particular en el sur de Luisiana. El **Backstreet Cultural Museum** *(backstreetmuseum.org; adultos/niños 25/10 US$)*, en St Philip St, muestra, por ejemplo, los increíblemente minuciosos trajes de los indios del Mardi Gras en un edificante espacio que repasa muchos de los elementos característicos de la cultura afroamericana local.

Pese a no ser demasiado grande, es muy indicado para quienes tengan especial interés tanto por los trajes y rituales de los indios del Mardi Gras como por los desfiles de la Second Line, los clubes de Social Aid & Pleasure (la versión afroamericana de las cofradías), y organizaciones como North Side Skull & Bones. Y aunque puede visitarse por libre, el precio de la entrada incluye varios circuitos que ayudan a poner las muestras en contexto.

Descubrir una iglesia diferente

IGLESIA

PLANO: 2 P. 140 **E6**

Fundada en 1841, la **St Augustine Church** *(staugchurch.org)* es la iglesia católica afroamericana más antigua del país. Principal templo de Tremé, transmite una verdadera sensación de antigüedad, tradición y comunidad

Desde su fundación, ha sido el lugar de oración de criollos, inmigrantes de Saint-Domingue (actual Haití) y libertos, así como de esclavos, cuyos bancos estaban separados. En 1842, una guerra de pujas entre fieles blancos y libertos terminó con la apropiación de los bancos interiores por parte de estos últimos, mientras que de manera simultánea los bancos más alejados se reservaban para los esclavos negros.

La misa se oficia los domingos a las 10.00 y los miércoles a las 17.00.

Relajarse en el Louis Armstrong Park

PARQUE

PLANO: 3 P. 140 **E7**

La entrada del mastodóntico **Louis Armstrong Park** es una de las más asombrosas de su estilo que existen en el Sur: un pintoresco arco que bien podría haber sido la estrella de un drama histórico ambientado en la Nueva Orleans de los años veinte.

Si en el City Park es donde la ciudad disfruta al aire libre, este representa los sonidos de la urbe en forma de espacio público. Durante todo el año acoge pequeños festivales *(events.jazzandheritage.org)*, mientras que los músicos y su audiencia se congregan bajo la estatua de Louis Armstrong o el busto de Sidney Bechet.

FESTIVALES EN EL ARMSTRONG PARK

La **New Orleans Jazz & Heritage Foundation** *(jazzandheritage.org)* organiza aquí tres festivales de tamaño medio.

Congo Square Rhythms Festival, a finales de marzo, celebra todos los aspectos de la cultura negra local, desde las Second Lines a los indios del Mardi Gras, pasando por el *jazz.*

Louisiana Cajun Zydeco Festival, el último fin de semana de mayo, está consagrado al *zydeco,* un género que fusiona música criolla, R&B y *blues.*

El **Tremé Creole Gumbo Festival** es un canto a Tremé, su música y su legado culinario: un fin de semana de festejos aptos para familias, a principios de noviembre.

Explorar el Lafitte Greenway

PARQUE

PLANO: 4 P. 140 **C6**

El **Lafitte Greenway** es un parque linear de unos 4 km que conecta Tremé con el City Park, pasando junto al Bayou St John, y secciona Tremé y Mid-City a lo largo. Se trata de un sendero peatonal y ciclista que sigue el trazado de una de las rutas de transporte más antiguas de la ciudad. En un principio fue un canal y, luego, una vía férrea. Más información en p. 133.

Probar el mejor pollo frito de Nueva Orleans

RESTAURANTE

PLANO: 5 P. 140 **B5**

En lo relativo a esta especialidad sureña, nadie le hace sombra a la mítica **Willie Mae's Scotch House** *(williemaesscotchhouse.com).* Inaugurada en 1957 por Willie Mae Seaton, este establecimiento, como tantos otros de la época, tenía varias funciones: restaurante, barbería y bar. Con el tiempo, terminó estableciéndose como restaurante, gracias a su inconfundible pollo frito, considerado el mejor del mundo por la James Beard Foundation, entre otras. En este caso, el bombo publicitario está más que justificado: no admite réplica.

Deleitarse con la cocina criolla

RESTAURANTE

PLANO: 6 P. 140 **B5**

Quienes hayan visto *Tiana y el sapo,* de Disney, en cierto modo habrán estado en **Dooky Chase's** *(dookychaserestaurants.com).* Tiana, la protagonista, está inspirada en la figura de Leah Chase, la reina de la cocina criolla de Nueva Orleans, quien regentó el restaurante durante siete décadas. El *gumbo z'herbes,* servido el Jueves Santo, es un delicioso plato vegetariano preparado con hojas de mostaza y remolacha, espinacas, berza y solo Leah sabrá qué más. Hasta el más carnívoro debería probarlo.

Lo mejor para...

Localizaciones en el plano de la p. 140

$ Económico $$ Medio $$$ Alto

Comer

Desayunos y cafés

Buttermilk Drop Bakery $
7 D1
Los *beignets* que aquí despachan son un manjar cargado de mantequilla. *6.00-17.00 lu-sa, hasta 16.00 do*

Flour Moon Bagels $
8 A5
Para saborear un *bagel* con sal y romero o un sugerente *bialy* (panecillo polaco con cebolla caramelizada por encima). *Horario variable*

Tremé Coffeehouse $
9 D6
Todo barrio que se precie debería tener un local así: buen café y sándwiches más un ambiente distendido que anima a reunirse. *7.00-17.00 ma-vi, 8.00-14.00 sa y do*

Cocina cajún y criolla

Gabrielle $$$
10 B5
De sus fogones salen clásicos cajún como conejo estofado y pato asado. *17.00-22.00 mi-sa*

Cajun Seafood $
11 E4
Local de comida para llevar especializado en crustáceos y pescado. *10.30-20.30 lu-sa, desde 11.00 do*

Lil' Dizzy's $
12 E5
Legendario bufé criollo de almuerzo en la esquina de Claiborne. *11.00-15.00 lu-sa*

Cocina internacional

Pagoda Cafe $
13 C3
Su repertorio abarca desde empanadas de setas y *tassis* de mango a hojaldres rellenos de guayaba. *7.00-13.00 ma-do*

Fatma's Cozy Corner $
14 D5
Sencillos bocados mediterráneos como *paninis*, falafel, sándwiches de ensalada de pollo y demás. *7.30-15.00*

Addis Nola $$
15 C3
Sustanciosos guisos etíopes *(tibs, wort)* acompañados de esponjoso *injera* (pan plano). *12.00-22.00 mi-vi y lu, desde 11.00 sa y do*

Beber

Música en directo

Bullet's
16 E1
Agradable bar de deportes con buenas actuaciones en vivo, cerveza fría y copas bien cargadas. *10.00-23.00*

Kermit's Tremé Mother-in-Law Lounge
17 E4
Propiedad del mítico trompetista Kermit Ruffins, este bar musical maravillosamente estrafalario es un referente de Tremé. *16.00-23.00*

Candlelight Lounge
18 D6
Clásico bareto donde a veces suenan fantásticas bandas. Cada tanto, la música lo impregna todo de un ambiente mágico. *15.00-1.00 ju-ma*

The Broadside
19 A5
Apacible propuesta al fresco, en Broad Ave, donde ver *jam sessions*, algunas aptas para clientes de todas las edades. *Horario variable*

★ MERECE LA PENA

Natchez

Esta población al suroeste del Misisipi atesora una impresionante colección de arquitectura decimonónica bien preservada, con instructivos museos sobre las plantaciones.

CONSEJO
Se necesita coche para ir a Natchez (a unas 3 h por carretera de Nueva Orleans, ya en Misisipi). Para evitar la hora punta, lo ideal es partir antes de las 8.00 o pasadas las 10.00.

Escanea este código QR para información sobre la ruta por enclaves históricos de la Guerra de Secesión en Natchez.

Repasar la historia

Hoy, casi todas las plantaciones de Natchez organizan circuitos y funcionan como casas de huéspedes, aunque no todas contextualizan las condiciones en que vivían los esclavos. El **Natchez National Historical Park** trata de ofrecer una visión integral en torno a esta cuestión mediante la visita a varios lugares, entre ellos **Melrose Estate** *(nps.gov/natc; visitas guiadas 10 US$)*, donde los guías procuran presentar de manera ponderada la vida de los propietarios (la familia McCurran) y la de los esclavos que allí trabajaban. El National Park Service también gestiona la **William Johnson House** *(gratis)*, cuyas exposiciones narran la vida y el posterior asesinato de un liberto.

Ahondar en la cultura y la historia

Para saber más, interesa visitar el pequeño **Natchez Museum of African American Culture & History** *(visitnapac.net; con donativo)*, que brinda una perspectiva más profunda sobre la vida durante y tras la esclavitud, con exposiciones sobre el trágico incendio del Rhythm Nightclub y luminarias locales como el aclamado escritor Richard Wright.

Catedral neogótica a la vera del Misisipi

La **St Mary Basilica,** el templo católico más antiguo de la cuenca del Misisipi, celebró su primera misa el 25 de diciembre de 1843. De espectacular estilo neogótico, luce un ornamentado santuario con techos altos azul intenso, llamativos vitrales, altares en mármol de Carrara y delicadas estatuas. Dentro dispensan panfletos para visitarla por libre.

★ MERECE LA PENA

Circuitos por plantaciones

Una de las excursiones más interesantes desde Nueva Orleans son los circuitos por las casas de plantación que se suceden junto al Misisipi. Es fundamental recordar que estas fastuosas mansiones no tendrían razón de ser sin la práctica de la esclavitud: una parte muy importante del relato que ofrecen algunas visitas.

Whitney Plantation

Esta excelente plantación *(whitneyplantation.org; circuito guiado adultos/niños 32/18 US$, circuito autoguiado 25/11 US$)* describe los aspectos clave de estas explotaciones agrícolas mediante circuitos guiados de 1½-2 h, que ponen el énfasis en la vida de los esclavos. No es una historia agradable, pero los guías desempeñan una labor encomiable; muchos son lugareños cuyos ancestros trabajaron aquí. Hay circuitos de miércoles a lunes (10.45, 12.45 y 14.15); con audioguía o *app*, de 9.30 a 15.00.

Laura Plantation

No lejos, a 10 min por carretera, se sitúa la **Laura Plantation** *(lauraplantation.com; adultos/adolescentes/niños 28/20/15 US$)*, que también aborda la empresa de contextualizar la vida de las personas que trabajaron en la plantación de caña Duparc. Los guías se basan en archivos históricos y en los recuerdos de Laura Locoul, una criolla que se crio aquí. Los circuitos guiados (1¼ h, cada 20-40 min, 10.00-15.20) son en inglés y francés.

Oak Alley Plantation

El aspecto más llamativo de esta plantación *(oakalleyplantation.org; adultos/niños 32/11 US$)* es el dosel arbóreo integrado por 28 majestuosos robles sureños que flanquean la entrada al edificio neoclásico. El lugar ha aparecido en numerosos filmes, entre otros *Entrevista con el vampiro*.

CONSEJO

Se impone tener vehículo propio para visitar estos lugares, todos situados a 1¼ h de coche de Nueva Orleans. Entre las limitadas opciones para comer destaca B&C Seafood, cerca de la Laura Plantation.

Escanea este código QR para reservar un circuito guiado por la Whitney Plantation.

★ MERECE LA PENA

Lafayette

En Lafayette hay varios lugares fascinantes dedicados a la historia y cultura cajún, a no más de 2½ h de Nueva Orleans. Esta ciudad de 122 000 hab. es también un destino genial para deleitarse con la cocina cajún, ya sea su incomparable marisco o sus exquisitas carnes. También se escuchará música: parte fundamental de la identidad cajún.

CONSEJO
No hay que irse sin pasear por el centro de Lafayette. Jefferson St, entre Cypress St y Vermilion St, está salpicada de tiendas, cafés y restaurantes.

Escanea este código QR para más información sobre Vermilionville.

Acerca de los cajunes y los criollos

Las palabras "cajún" y "criollo" se emplean constantemente en Luisiana. El mejor sitio para saberlo todo acerca de estas culturas –así como la población indígena del suroeste de Luisiana– es **Vermilionville** *(adultos/niños 10/6 US$)*, en Lafayette.

Esta recreación de un pueblo cajún del s. XIX está formado por casas de madera que se suceden a lo largo de la orilla del *bayou*. Su bien formado personal hila lana y martillea metal para ilustrar a los visitantes acerca de la historia local. Una muestra particularmente impactante es el aula en cuya pizarra hay escrito decenas de veces "*I will not speak French*" ("no hablaré francés"); dicho idioma estuvo prohibido durante décadas en las escuelas. Hay mucho material para leer y un magnífico restaurante. Consúltese la programación de música en vivo los fines de semana.

Hacer un recorrido gastronómico

Nadie conoce mejor la cocina tradicional local que Marie Ducote-Comeaux, de **Cajun Food Tours** *(cajunfoodtours.com; adultos/niños 65/39 US$)*. Solo hay que subirse a bordo de un minibús con ella y dejarse llevar a los mejores lugares de Lafayette para probar auténticos bocados cajunes y criollos. Durante las 3 h que dura el circuito, se probarán el *boudin*, el *gumbo*, los *po'boys* y los preciados cangrejos.

★ MERECE LA PENA

Breaux Bridge y el lago Martin

La diminuta localidad de Breaux Bridge es una buena introducción al país de los cajunes, con restaurantes sin alardes y sencillos locales de música entre comercios que evocan el pasado. Unos 8 km al sur, las verdosas aguas del lago Martin crean el marco perfecto para un memorable circuito por los pantanos.

Desayunar bailando

Breaux Bridge es conocido por sus desayunos de los sábados a ritmo de *zydeco* en **Buck & Johnny's** *(buckandjohnnys.com; 10 US$)*, un restaurante cajún de influencia italiana, en cuyo comedor suenan –de 8.30 a 11.30– animadas melodías de este género que fusiona música criolla, R&B y *blues*. Es divertidísimo, pues jóvenes y mayores lo dan todo en la pista de baile, a lo que sin duda contribuyen las inacabables mimosas que incluyen los 10 US$ de entrada. Si no se puede ir el sábado, también hay música en directo los jueves, viernes y sábados de 18.00 a 21.00.

CONSEJO
Breaux Bridge cobra vida los fines de semana; interesa partir temprano para hacer sin prisas las 2¼ h de trayecto hasta **Buck & Johnny's.**

Avistar fauna en un circuito por los pantanos

Navegar por los humedales y *bayous* ("arroyos", en lengua choctaw), buscando caimanes y águilas calvas, es una experiencia ineludible. Varias empresas recomendadas, como **Cajun Country Swamp Tours** *(cajuncountryswamptours.com; 25 US$)*, ofrecen excursiones de 2 h en barca para ver caimanes, martinetes coronados y demás criaturas que habitan en los humedales del lago Martin.

También se pueden alquilar –a través de la misma empresa– piraguas y kayaks *(20 US$/h por persona)*. Remando por las imperturbables aguas, uno podrá detenerse en lugares solitarios donde todo cuanto se escucha es el sonido de las aves.

Escanea este código QR para reservar los circuitos de Cajun Country Swamp Tours.

CITY OF NEW ORLEANS
PORT OF NEW ORLEANS, LA
NEW ORLEANS

Guía práctica

Barco de vapor por el río Misisipi (p. 45).
TRAVELVIEW/SHUTTERSTOCK

Viajar en familia

La oferta de ocio en Nueva Orleans es lo bastante amplia como para que los peques lo pasen en grande: desde trayectos en tranvía a parques, pasando por un sinfín de actividades específicas para ellos.

Mardi Gras en familia

Ante los inminentes desfiles, muchas familias se apostan en St Charles Ave. Los niños se sitúan en "asientos escalera" para seguir la acción perfectamente y atrapar los obsequios que lanzan desde las carrozas, incluidos doblones de 'oro', peluches y montones de baratijas (espadas, anillos, collares, gafas de sol).

Aventuras en tranvía

Las distintas líneas de tranvía suponen una forma estupenda de ver la ciudad. Los vetustos vehículos poseen un atractivo interior con asientos de madera y grandes ventanales para disfrutar de la brisa. Entre las rutas más recomendables se incluyen la de St Charles al **Audubon Park** o la de Canal St al **City Park** (p. 128). El billete sale por 1,25/0,50 US$ adulto/niño.

Entradas con descuento

Los niños entran gratis en el **New Orleans Museum of Art** y obtienen descuento en casi todos los puntos de interés, incluido el **National WWII Museum.**

CITY PARK

El parque más grande de la ciudad depara incontables atracciones adecuadas para familias, incluidos museos interactivos, puestos de *beignets*, zonas recreativas, barcas a pedales en forma de cisne, un pequeño parque de atracciones y serenos canales llenos de peces. Escanea el QR más información.

Maltrechas calles

El deficiente mantenimiento de las calles de Nueva Orleans no es lo mejor para los cochecitos; es preferible un portabebés.

Planificación de comidas

Casi siempre hay fantásticos tentempiés a mano. Los *beignets* (suaves masas fritas espolvoreadas con azúcar glas) son ideales como premio, mientras que los *snow cones* (hielo granizado con sirope) sientan de maravilla los días de calor. A la hora de la cena, conviene ir temprano para evitar el gentío.

Alojamiento

La ciudad cuenta con numerosas y diversas opciones de alojamiento, desde las pensiones históricas del Barrio Francés a los B&B de Garden District, pasando por los hoteles-*boutique* del CBD.

Si te gusta...

Historia, arquitectura y fiesta

Barrio Francés (p. 37) Para disfrutar de todos sus alicientes (restaurantes, museos, tiendas, galerías, parrandas...), lo mejor es hospedarse en una pensión-*boutique* o en un hotel de lujo.

Museos, galerías y ubicación céntrica

CBD y Warehouse District (p. 73) Los establecimientos más exclusivos (algunos con piscina y bar de azotea) constituyen una base genial para descubrir la escena local de galerías y museos.

Calles arboladas, arquitectura sublime y tiendas independientes

Garden District, Lower Garden y Central City (p. 91) Los seductores B&B (muchos de ellos en casas históricas) quedan a un paso de las tiendas de Magazine St.

Soberbias mansiones y fabulosos parques

Uptown y Riverbend (p. 107) Sus hoteles de postín y coquetas pensiones son sinónimo de belleza y tranquilidad. Buena oferta culinaria, comercial y de ocio nocturno.

Cultura y ritmos afroamericanos

Tremé-Lafitte (p. 139) El grueso de la oferta hotelera en este barrio histórico lo conforman pequeños y seductores B&B.

IMPRESCINDIBLE

Nos encanta...

Marigny y Bywater (p. 57)

Para empaparse realmente del ambiente de barrio, no hay como optar por las pensiones o B&B de gestión independiente que se concentran en esta zona fácil de explorar a pie. Más allá de encantadores cafés, tiendas creativas y anticuarios, se encontrarán bares y restaurantes con personalidad, amén de la oferta de música en vivo de Frenchmen St. El Barrio Francés queda a tiro de piedra.

CUÁNTO CUESTA

Cama en dormitorio colectivo **desde 35 US$**

B&B **150-230 US$**

Habitación en hotel-*boutique* **desde 350 US$**

Comida, bebida y fiesta

Alergias e intolerancias

El personal de la mayoría de los restaurantes está habituado a las alergias e intolerancias. En algunas cartas se indica explícitamente si un plato contiene crustáceos, gluten, frutos secos o cualquier otro ingrediente que pudiera plantear problemas, pero siempre es preferible asegurarse antes de pedir. Los vegetarianos y veganos deben estar especialmente alerta, pues algunos platos podrían contener productos de origen animal.

INGENIOSAS CREACIONES ARTESANAS

A los cerveceros locales les encanta experimentar, como se constata en sus *ales* de trigo con sabor a mango, la *Weiss* de arándanos, las veraniegas *ales* de hibisco y lima, o sus atrevidas cervezas agrias.

'PO'BOY'

Este cargadísimo bocadillo se sirve en pan francés (chicloso, no crujiente) y, en dos palabras, rebosa ingredientes; los más populares son de ternera asada, gambas fritas u ostras fritas. Al pedir, se pregunta si se quiere con mayonesa, lechuga y tomate; hay que decir sí a todo.

KCLINE/GETTY IMAGES

Cocinas cajún y criolla

Pese a ser diferentes, ambas tienden a compartir el gusto por los sabores intensos y las presentaciones coloridas. Se denomina "criolla" a la cocina de Nueva Orleans (con complejos ingredientes, como se aprecia en la salsa *remoulade*), mientras que por cajún se entiende la cocina "campestre", con el cerdo como protagonista y más difícil de encontrar en la ciudad.

Pagar la cuenta

En cafés y establecimientos informales, por regla general se pide y se paga en el mostrador (además de dejar propina, por más que no haya servicio de mesa). Habrá que decir el nombre al empleado (a menos que se entregue un número) y sentarse a la mesa mientras se espera que llegue la comida.

En los restaurantes convencionales se pide la cuenta. Dejar propina no es opcional, ya que parte del salario de los camareros depende de estas; lo normal es el 18-20 % del total. En casi todos los establecimientos se puede dividir la cuenta, aunque habrá que avisar de ello previamente al camarero.

PRECIOS
Los indicadores usados se refieren al precio medio de un plato principal.
**$** hasta 15 US$
**$$** 15-25 US$
**$$$** más de 25 US$

HORARIOS
Cafés 7.00-18.00
Restaurantes 11.00-22.00
Cervecerías artesanas 16.00-23.00 lu-ju, 12.00-23.00 vi-do

Salir

La vida nocturna es un aspecto fundamental de Nueva Orleans, y su gente sabe cómo pasárselo bien sin pretensiones. Aquí no priman las megadiscotecas ni los clubes con ínfulas. Todo es más informal: el énfasis recae en la música en directo (más que en los DJ) y todo el mundo es bien recibido.

Frenchmen St
Abarrotada cada fin de semana, ofrece la mejor programación de conciertos de la ciudad. La música arranca hacia las 18.00 y no termina hasta la 1.00; el ambiente se serena entre semana.

Bourbon St Pese a la afluencia turística, hay un puñado de clásicos como **Pat O'Brien's.** El resto del barrio destaca por su variedad, desde coctelerías a sugerentes tugurios. Los lugareños sienten verdadera predilección por este tipo de garitos frecuentados por una afable clientela y caracterizados por sus tragos baratos y ambiente animado.

CUÁNTO CUESTA

Café con leche
3-5 US$

'Po'boy'
10-16 US$

Media docena de ostras
18 US$

'Brunch' amenizado con 'jazz'
38-55 US$

Almuerzo
15-25 US$

Cena
20-38 US$

Cerveza
6-10 US$

Cóctel
10-18 US$

SUZANNE C. GRIM/SHUTTERSTOCK

Comunidad LGTBIQ+

Nueva Orleans siempre ha tenido gran reputación por su diversidad y, de hecho, sigue siendo una de las ciudades tradicionalmente más tolerantes del hemisferio occidental.

El corazón LGTBIQ+ de Nueva Orleans

Buena parte de la acción se aglutina en el Barrio Francés, concretamente en **Bourbon St** (p. 157) y aledaños (cerca de St Anne), que marca el inicio de la denominada "Lavender Line", con una gran concentración de bares, *lounges* y discotecas LGTBIQ+. Sus principales bazas abarcan desde joyas históricas como **Lafitte's** (frecuentado en su día por Truman Capote y Tennessee Williams) a sitios para bailar como **Oz.**

El barrio es también el epicentro del desfile del Orgullo (jun), que trae consigo infinidad de fiestas, exposiciones de arte y circuitos a pie. Las mayores fiestas se celebran el **fin de semana del Orgullo** (p. 51; jun). La animada marcha comienza el sábado en Marigny y secciona el Barrio Francés. Y aunque los eventos principales suelen ser demasiado alborotados, también hay propuestas más tranquilas (como el Equality Day en Longvue House and Gardens), en línea con la naturaleza más inclusiva del Orgullo de Nueva Orleans.

AMBIENTE LÉSBICO

Las mejores fiestas para lesbianas no tienen lugar en un sitio fijo, sino que surgen una vez al mes brindando una noche de correrías nocturnas sin límite. **Tipitina's, Siberia** y **Café Istanbul** han sido escenario de sus fiestas. Consúltense sus redes sociales para estar al tanto.

IMPRESCINDIBLE

Southern Decadence

Celebrada en torno al fin de semana del Día del Trabajo (sep), esta descomunal y alocada fiesta es una mezcla de Orgullo y Mardi Gras, que culmina con mucha juerga callejera y sesiones en discotecas.

SCOTT COLESBY/SHUTTERSTOCK

SUGERENCIAS

Escanea este código para un listado completo de propuestas LGTBIQ+.

Recursos

- **gaynola.com** Es la mejor fuente de información con: encuentros *leather, pool parties,* espectáculos de *drags,* noches de trivial, karaoke y más.
- **neworleans.gaycities.com** Tiene sugerencias, reseñas y contenido de interés.
- **ambushmag.com** Actualidad y cuestiones LGTBIQ+ desde una mirada local.

Salud y seguridad

La delincuencia, las infraestructuras deficientes y el riesgo de huracanes son cuestiones a tener en cuenta.

HURACANES

La temporada va de junio a noviembre, siendo el período más activo agosto y septiembre, cuando los intensos vientos y lluvias pueden ser devastadores. Síganse las indicaciones de las autoridades en caso de tormenta.

Minimizar riesgos

Nueva Orleans registra una elevada tasa de criminalidad. Y si bien la mayor parte de los delitos violentos son entre personas que se conocían previamente, los atracos y el robo de coches se dan en toda la ciudad. Al caminar de noche, se aconseja ceñirse a las zonas transitadas y evitar las calles desiertas, máxime si se va solo. No son desconocidos los casos de personas que disuelven droga en la bebida, de ahí que no haya que perder de vista la copa. Tampoco hay que descuidar las pertenencias, pues los hurtos en bares y clubes atestados son habituales, sobre todo en Bourbon St.

Alertas ciudadanas

Nola Ready *(ready.nola.gov)* informa acerca de condiciones meteorológicas peligrosas, olas de calor y contaminación del agua.

Marihuana

Pese a lo extendido de su consumo, el cánnabis está prohibido en Luisiana como droga recreativa. Sí es legal su consumo medicinal, pero no es fácil obtener el visto bueno si se está de paso; no son válidas las autorizaciones emitidas en otros estados. La posesión de hasta 14 g para fines recreativos puede castigarse con multas de 100 US$.

SEGURO DE VIAJE

Conviene contratar una póliza antes de viajar al país, ya que el coste de la sanidad puede resultar prohibitivo.

A TENER EN CUENTA

Precauciones
Extremar la precaución al cruzar la calle: no suelen respetarse los pasos de peatones ni, a veces, los semáforos en rojo.

Alcohol
No perder de vista la bebida; hay quienes aprovechan un descuido para echar sedantes.

Carteristas
Ser precavido en bares y clubes muy frecuentados.

Turismo responsable

Síganse estas indicaciones para dejar una huella menor, apoyar a los comercios locales y tener un impacto positivo en la comunidad.

Gratificar a los músicos

Los propietarios de los bares de Bourbon St y Frenchmen St se percataron hace décadas de que podían ingresar más dinero ofreciendo actuaciones musicales gratuitas que cobrando entrada. Y aunque los músicos cobran de los bares, lo cierto es que el salario no suele ser suficiente, de ahí que las propinas sean fundamentales para su subsistencia. Lo indicado es dejar entre 2 y 5 US$, dependiendo del rato que uno esté.

Moda sostenible

Comprar ropa de segunda mano en alguna de las muchas tiendas que salpican la ciudad, como **Magazine Street. Funky Monkey** es genial.

IMPRESCINDIBLE

Conciencia social

Apoyar una interesante iniciativa social y disfrutar, de paso, de la cocina casera del **Café Reconcile,** céntrico establecimiento que emplea y forma a jóvenes en riesgo de exclusión.

Reconstrucción del litoral

Coalition to Restore Coastal Louisiana (CRCL) utiliza conchas de ostra para reconstruir la erosionada costa del estado. Se puede poner un granito de arena comiendo ostras en alguno de los restaurantes participantes; o, para ayudar sobre el terreno, trabajando como voluntario (más detalles en *crcl.org*).

Recursos

- **neworleans.com/plan/sustainability** Guía ecológica de Nueva Orleans.
- **bluebikesnola.com** Sistema municipal de bicis compartidas.
- **happycow.net** El mejor aliado para vegetarianos y veganos.

AVENTURAS ECOLÓGICAS

Se recomienda anteponer los circuitos de bajo impacto por los pantanos a las ruidosas excursiones en lancha o hidrodeslizador. El kayak brinda una experiencia más inmersiva, con menor gentío y más oportunidades de avistar fauna.

Moverse en bicicleta

Es una forma estupenda de explorar Nueva Orleans, gracias a su tamaño y al terreno llano. Pueden alquilarse bicis por un día o subirse a una Blue Bike; también hay montones de circuitos guiados. Si apetece algo más osado, existen varios recorridos por las afueras de la ciudad. El Mississippi River Trail (libre de tráfico) discurre a lo largo de 50 km desde El Fly, al sur del **Audubon Park** (p. 112), hasta el vertedero Bonnet Carré. Nola Complete Streets Coalition *(nolacompletestreets.org)* dispensa mapas actualizados con carriles-bici.

ALQUILER ECOSOSTENIBLE

Si se prevé alquilar un coche, lo mejor es que sea eléctrico. En *chargehub.com* se indican los distintos puntos en recarga de la ciudad.

El cambio climático y los viajes

Es imposible ignorar el impacto de nuestros viajes y la importancia de hacer cambios. Lonely Planet anima a todos los viajeros a involucrarse en su huella de carbono. Muchas webs de líneas aéreas y sitios de reservas ofrecen la opción de compensar el impacto de los gases de efecto invernadero realizando donaciones para iniciativas respetuosas con el clima en todo el mundo.

Varias calculadoras en línea permiten saber las emisiones de carbono que genera un viaje, entre ellas la de la ONU y la de la OACI.

La **calculadora de la huella de carbono de la ONU** muestra el impacto de volar en las emisiones.

La **calculadora de emisiones de carbono de la OACI** permite a analizar el CO_2 generado en sus viajes.

EN SENTIDO DE LAS AGUJAS DEL RELOJ, DESDE ARRIBA: MILLAF/SHUTTERSTOCK, CCPIXX PHOTOGRAPHY/SHUTTERSTOCK, TALE/SHUTTERSTOCK

Accesibilidad

Transporte público

Todos los autobuses son accesibles en silla de ruedas, al igual que varios tranvías y el ferri. La *app* Le Pass permite planificar trayectos e identificar las rutas accesibles. La web de la New Orleans Regional Transit Authority *(norta.com)* tiene información específica sobre tranvías, autobuses y ferris.

Alojamiento

Los hoteles más nuevos se ajustan a los estándares fijados por la ley al contar con rampas, ascensores y baños accesibles. En cambio, los B&B y pensiones más antiguas flaquean en cuanto a accesibilidad. Las mejores opciones se agrupan en el CBD.

CITY PARK

Accesible con el tranvía que recorre Canal, **City Park** (p. 128) encierra numerosas atracciones accesibles, entre ellas el **New Orleans Museum of Art** (p. 131), el **Sculpture Garden** y los **Botanical Gardens.**

Barrio Francés

Tras visitar los reclamos más accesibles, **St Louis Cathedral, Cabildo** y **Presbytère,** se recomienda picar algo en **Café Du Monde** para, luego, recorrer el **French Market** y terminar cenando en **Arnaud's** o **GW Fins.**

IMPRESCINDIBLE

Un punto de interés sumamente recomendable es el **National WWII Museum** (p. 76), cuyas salas, aseos y programas especiales están totalmente adaptados. Las proyecciones están subtituladas en inglés, y a petición del viajero, organizan circuitos para visitantes invidentes o con visión reducida. Asimismo, cuentan con sillas de ruedas y, el último sábado de mes, reservan la mañana a personas con necesidades especiales de todas las edades (y a sus acompañantes).

VIDA NOCTURNA

Los siguientes lugares merecen una mención especial por ser totalmente accesibles: **Carousel Bar**, **NOLA Brewing** y **Hot Tin.** Muchos otros sitios (p. ej., **Tipitina's** (p. 158) y **Second Line Brewing**) son parcialmente accesibles.

Recursos

- **wheelchairtravel.org/new-orleans** Guía de Nueva Orleans para viajeros en silla de ruedas.
- **neworleans.com/plan/accessibility** Guía oficial auspiciada por el ayuntamiento.
- **nolarolla.com** Información de primera mano en clave de accesibilidad.

Lo esencial

Horario comercial

Bancos 9.00-17.00 lu-ju, 10.00-17.30 vi; algunas sucursales 9.00-12.00 sa

Bares Normalmente 17.00-2.00 lu-ju y hasta 4.00 vi y sa; algunos abren 24 h; otros, indefinidamente, pueden cerrar si apenas hay clientes

Oficinas de correos 8.30-16.30 lu-vi y 8.30-12.00 sa

Restaurantes 11.00-23.00 (algunos cierran de 14.00 a 17.00); do y/o lu descanso del personal

Tiendas 10.00-19.00

A TENER EN CUENTA

Hora local Hora estándar central EE UU (GMT/UTC -6)

Prefijo telefónico de la ciudad +1

Emergencias 911

Población 370 000 hab. (zona metropolitana 1,3 millones)

ELECTRICIDAD

120V/60Hz

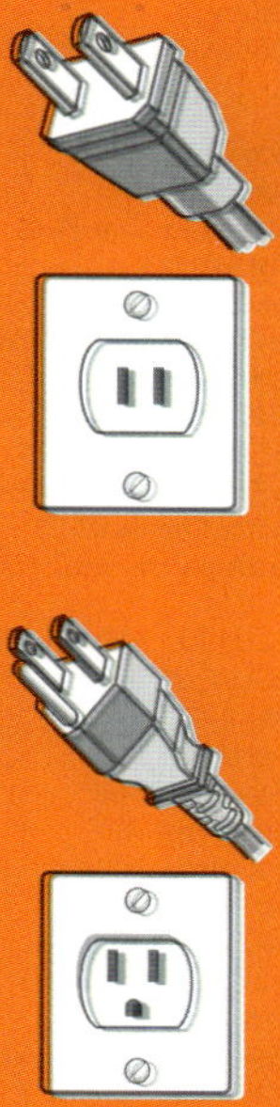

Información útil

Aunque en general el agua es potable, conviene consultar las directivas emitidas por NOLA Ready *(@nolaready)*.

Fiestas oficiales

Cuando un festivo cae en fin de semana, normalmente se celebra el lunes o viernes más próximo. Festivos nacionales:

Año Nuevo 1 de ene

Día de Martin Luther King Jr. 3er lunes de enero

Día de los Presidentes 3er lunes de febrero

Día de los Caídos Último lunes de mayo

Juneteenth 19 de junio

Día de la Independencia 4 de julio

Día del Trabajo 3er lunes de septiembre

Día de los Pueblos Indígenas 2º lunes de octubre

Día de los Veteranos 11 de noviembre

Día de Acción de Gracias 4º jueves de noviembre

Navidad 25 de diciembre

Índice

Puntos de interés p. 000
Págs. de los planos **p. 000**

Véanse también los subíndices:
Comer p. 166
Beber p. 167
Comprar p. 167

Comer

Beber

Comprar

La opinión del lector

Nos encanta escuchar a los viajeros ya que vuestros comentarios nos ayudan a mejorar nuestros libros. Podéis enviarlos a lonelyplanet.com/contact. Leemos todos los mensajes y garantizamos que estos llegan a los autores.

Nota: Es posible que determinados fragmentos de estos mensajes aparezcan en nuevas ediciones de las guías Lonely Planet, en la web o en productos digitales. Se ruega a todo aquel que no desee ver publicado este contenido ni que figure su nombre que lo haga constar. Para obtener una copia de nuestra política de privacidad, visita lonelyplanet.com/legal.

geoPlaneta
Av. Diagonal 662-664, 08034 Barcelona
www.geoplaneta.com – www.lonelyplanet.es

Lonely Planet Global Limited
Lonely Planet Global Limited, Digital Depot,
The Digital Hub, Dublín D08 TCV4, Irlanda
www.lonelyplanet.com
Contacta con Lonely Planet en: lonelyplanet.com/contact

Nueva Orleans de cerca
2ª edición en español – enero del 2026
Traducción de *Pocket New Orleans*, 5ª edición – agosto del 2025
© Lonely Planet Global Limited
1ª edición en español – febrero de 2019

Editorial Planeta, S.A.
Av. Diagonal 662-664, 7º. 08034 Barcelona (España)
Con la autorización para la edición en español de Lonely Planet Global Limited, Digital Depot,
The Digital Hub, Dublín, D08 TCV4, Irlanda

ISBN: 978-84-08-31125-6
Depósito legal: B. 16.133-2025
Impresión y encuadernación: Unigraf
Printed in Spain – Impreso en España